逍遙行稿

逆風翱翔

箸伯伯——著

推薦語

人生有涯，行走無涯。如著伯伯這樣的旅者，絕對是在今世將個體生命昇華為多重體驗。而這無比豐富的一切，源自於熱愛、尊重和天賦所賜的智慧，以及專業的旅行經驗。我尤為感念的是他對圖伯特（Tibet）和喜馬拉雅山地的深情——不僅在拉薩生活多年，多次徒步各地，還學會了藏語，並在佛學領域取得了一定成果。他對這片土地的深刻理解與全身心投入，令人欽佩。

——茨仁唯色（詩人）

一直覺得，薯伯伯文字中流露的精神，最接近一個我時時想起、不易翻譯的詞：free spirit。得知他的新書名字有逍遙二字，才想到，對了，就是逍遙。他在教我們在當前這時代逍遙地察看身邊一切，以開放的心去「游」於世，能夠把這種精神傳遞到文字上，實在不易！

——黃宇軒（《香港散步學》作者）

旅行有兩種，一種是外在的旅行，另一種是往內心的旅行。薯伯伯無論內外的遊歷，同樣精彩。

——鄒頌華（Lonely Planet 旅遊指南編輯）

推薦序一

——陳冠中（作家）

見文如見人，薯伯伯的新著就是他本色化成文字的出演，面貌同樣乾淨。

當年拉薩港人結緣之地、一家小咖啡館的年輕老闆，現已具足多個讓我嚮往但學不來的分身，且各有成就。感謝共同摯友作家茨仁唯色多年前介紹我們結成忘年之交。

薯伯伯是我的網絡數碼安全老師，可惜我屢學屢忘。近年他更是我心中的公民知識份子好榜樣：他寫網上公論，以筆為幟，以身作則，所謂士別三日刮目相看，令馬齒徒增的我瞿然起敬。他日常生活實修減法，但也是野外生存甚至城內自保必須性裝備的選購達人，我常得到他的點撥，不過他可以憑一個常備行囊幾件速乾衣和美利奴毛衫加上十數款往往帶高科技設計的小法寶，不忌寒暑，素履以往，行遍世界。

說到境外旅遊，行有餘力的幾代香港人都樂此不疲，各施各法，薯伯伯則在《逍遙行稿——逆風翱翔》這本新著裡，提出了一個自洽的法門，舉一反三，娓娓道來，我為其吸引，深受其傳遞的人生觀、世界觀、價值觀感動，承認這個行旅法門於簡約、於厚積、於鍛鍊、於逍遙皆殊勝，雖然我做不到。

從岡仁波齊到乞力馬扎羅，從塔斯曼尼亞到坦桑尼亞，從巴米揚石刻、珠峰大本營、恆河、瀘沽湖、戈壁到撒哈拉，薯伯伯的足跡廣而變動不居。當然，較他抵達過更多富有名堂重要地點的香港人比比皆是，不論是世界遺產地或米其林星店，還是上觀北極光下探南極板塊，但薯伯伯去的是突尼西亞，不是摩洛哥，去了朝鮮，不是韓國，不止去印度、斯里蘭卡和尼泊爾，也去巴基斯坦，還去古巴、埃塞俄比亞、伊朗、阿富汗，更在高海拔的拉薩住了多年。他固然到過「死前必須去」的打卡勝地，也會沉浸於作家布魯斯・查特文稱為「不可寫」的境域。他到訪過當地人已然不勝遊客騷擾的 must-visit 旅遊景點，也曾認真地待留在作家珍・莫里斯所說看似零賣點的甚麼都不是的 nowhere。

他經常長程徒步，也曾經騎單車由泰入藏，但都不是故意冒險犯難。他坐綠皮火車，也會用歐洲火車證暢遊神根公約國家。他是最早一撥在旅途上使用 Garmin 12XL 個人手提 GPS 定位儀的科技先鋒。他必要時斷食，學會左手以水「拉屎」而且發覺水比紙好。他出過車禍雙腿折斷，他康復、繼續行走、騎車。重要的是態度。他安於任何異地，也樂住此刻此間，不是生活在遠方，而是何處不生活。這是一種經得起審視的人生選擇。

推薦序二

——區家麟（新聞工作者，旅人）

我羨慕薯伯伯，因為他實現了我的夢想。例如，他騎單車翻過橫斷山脈與大草原入藏，他曾在拉薩經營小咖啡店，他到神山岡仁波齊轉山，他到尼泊爾學藏文；難得之處，乃踏破鐵鞋以後，依然對世界充滿好奇。

薯伯伯是真正的浪遊人，他慣用雙腳步行接觸天地人文，行旅不詳細規劃，一個輕便背包，即可隨遇而安；學習當地語言，即可融入生活。

認識薯伯伯，乃從他的旅人日誌開始，很多人因為沒有護照、或體力不繼、或人世羈絆、或時代之界限，不能遠行犯險，瑪旁雍措、魚尾峰、岡仁波齊等名字，遙不能及，只能讀薯伯文字，時空漫遊。

追隨薯伯的腳步，能於紛擾之世，寧定心神。他說，此時此刻，應心無旁騖，以逍遙為重。此言非輕，我當緊遵奉行。

《逍遙行稿——逆風翱翔》一書，非單談旅行見聞，而是談旅行之法道。薯伯伯今次不講故事而講道理，苦口婆心自有其因。當一切自在都是稍縱即逝、一切的相遇可能是最後一次，你能不珍惜尚能遨翔天地的時光、細味人海相逢之緣分？

參透眾多行旅中的小道理，不要讓自己留下哀嘆與遺憾、不要成為浪蕩天涯而一無所得的悲劇主角。

推薦序三　旅行書寫依然是內在旅行的最佳形式

——王劍凡（旅行公民博主，哲學學者）

2020年，一場世紀瘟疫，面目全非了整個世界。當各地鎖國封關，交通運輸工具停止運作，別人進不來，我們出不去，才驚覺，原來旅遊從來不是理所當然。更糟的是，瘟疫奪去了無數人的性命，人與人之間的信任徹底粉碎，某些國家的旅客（包括移民）更被視為散播病毒的罪魁禍首，受盡歧視。四年後的今天，雖然疫情已結束，國際交通運輸已大致恢復，有論者甚至認為旅遊業的生意會出現「復仇式」反彈，但要回到那個旅行的美好年代，短期內恐怕並不可能。

其實，跨國旅行之所以可能，全賴穩定的國際關係、和平的環境，以及對陌生人的信任、諒解、同情、包容。近年，過度旅遊（Overtourism）的問題本已嚴重影響在地居民的生活，再加上疫情，旅客（尤其是「觀光客」）的形象早已變得非常負面。有論者早已將遊客比喻為「嫖客」，近年的批評更升級至「恐怖分子」。

觀光客變得神憎鬼厭，主因固然是不尊重當地文化，但東道主的政府也需負上很大責任。為了賺取外匯，一味討好旅客，不斷催眠自己國民，強調甚麼「好客之道」，另一邊廂，觀光客以為自己「永遠是對的」，抱著恩主心態去消費，反客為主。結果，主客關係完全失衡。

其實，不少旅者都意識到這些問題，很想學習做個「聰明善良」的旅者，在尊重東道主文化的前提下，能夠從旅行獲得一些寶貴的經驗與價值。

但，不知從何入手。

坊間固然有不少旅遊消費指南，更不乏強調「旅行與美好相遇」的溫情小品。至於對旅行有深刻反省的作品，似乎一直欠奉。近年，學術界開始關心道德旅遊的議題，很多學者從不同學科的角度分析討論，有些專著洋洋灑灑數萬字，用詞概念卻非常艱澀，難以入屋。

薯伯伯的新作《逍遙行稿——逆風翱翔》應該可以填補這方面的缺失。他憑著個人經驗與善心，歸納出一些旅行的「方法」，以散文的形式表達，文字活潑生動，充滿深刻哲思，讀來趣味盎然。

《逍遙行稿——逆風翱翔》屬旅遊雜記，內容豐富，圍繞旅行的主題而展開，幾乎囊括了旅途上大大小小的疑問與困惑，然後給予充滿智慧的解答。例如，探討旅行與快樂的關係，揭示成見如何局限自我與眼界，提醒讀者別怕錯過景點。甚至教曉我們在冬季習以冷水淋浴。當中的智慧寶藏，就留待讀者自行發掘吧。但有兩大旅行議題，在此想跟讀者分享一下。

其一，學習外語。

人在異地，除非懂當地語言，否則必然會遇到溝通的障礙。就以餐廳點餐為例，在阿塞拜疆因害怕吃羊，但又不懂阿塞拜疆語，只好硬著頭皮，扮羊咩咩的叫聲，然後不斷擰頭；後來手機裝置有了表情符號的功能，溝通障礙就少了很多，只需打出羊和交叉的情感符就可以了。近年人工智能技術在翻譯上更取得前所未有的突破，世界上很多語言幾乎可以互譯，而且相當準確。既然如此，為何還要花時間精神去學習多一門外語呢？

但作者卻反其道而行，提出學習外語的重要。提到旅行前的準備，他總喜歡先學習當地語言，當作行前熱身。例如，「赴伊朗前先學波斯語，到古巴前先學西班牙語，行印尼前學印尼語，還學過越南語等一堆語話。」他更指出，學懂簡單的對話，不冀望可以流暢溝通，但偶然以當地語待人，就能表示尊重他人，亦因此會贏得他人的尊重。

其二，旅行書寫的價值。

近二十年來，資訊科技飛速發展，一機在手，就能輕鬆捕捉風景畫面。一般人都認為，影像比起文字，更接近真實，旅行書寫的價值進一步受到質疑。

當 YouTube 頻道充斥著無數旅行 Vlogs 的時候，旅行書寫到底還有甚麼價值？這個問題近年一直困擾著我，而薯伯伯這本書給了我一個很好的答案。

他視旅行書寫為旅行者的修養，亦是長途旅行的重要技能。所謂的旅行，其實是兩種旅程的結合：一是增加對某地了解的外在旅行，另一是增加對自我認識的內在旅行。旅行無疑是一種探索，但同時也是自我探索，不單引領我們向外走，同時也往內走。作者明言：「旅行非止探索世界，更是自省良機。」而相對於影像，文字書寫對於往內探索與傳遞哲思，往往更為深刻。他希望「以紙筆直面內心世界，應對孤寂，整理混亂思想，在迷亂中尋找意義。」薯伯伯的作品，總讓人感受到世界的遼闊，生活處處都是美好的事物。

《逍遙行稿——逆風翱翔》不僅是一場視覺盛宴，更是一次深刻的心靈之旅。誠意為大家推介這本書。

最後想補充一點。

多年來，心中一直有個疑問，薯伯伯的英文名 Pazu，是否跟宮崎駿《天空之城》有關？終於，我在這本書的尾段找到了答案。作者明言自己最愛的動畫就是《天空之城》。非常巧合，《天空之城》也是我最喜歡的宮崎駿作品，沒有之一。除了因為女主角 Sheeta 是我童年時心目中的女神，更因為動畫天馬行空的想像力，以及那種向未知世界探索的冒險精神，激發了我內心的旅行魂。男主角 Pazu 那種善良、正直、堅持、敢於冒險，以及對世界充滿好奇的性格特質，正正是我心目中旅行者的典範。

想深一層，現實世界的Pazu（薯伯伯），與動畫中的Pazu，的確非常相似。

目錄

三、簡約出行才是逍遙

四、隨興的快樂計劃不來

五、旅途識偽

六、成見．偏見．洞見

七、行旅有書

前言‧共學書寫：「逍遙訓練場」

過往數年筆端，多觸及時政、密幣、資安、人工智能等，反而少寫旅遊雜記，然此乃我所好題目。新年伊始，我計劃每週撰文三篇，稍後匯集成書，付梓出版。

計劃雖有所向，書卻未定其端，落筆後始明道路，方入境界，如同旅行。出發前皆為紙上談兵，起行後方知其途。所謂旅遊寫作，不談風花雪月，但記途中所思所感所悟，偶陳哲思，自我提醒之餘，亦望讀者有所啟發。

書寫有二途：一則默默耕耘，成書後方告天下；一則日寫短文，定期發佈，免得埋沒於櫃。過往屢有籌劃新書之志，然目標過大，宛如未竟事務清單，積蓄於彼，內心自責，與其湮沒於時光，寧將半熟散文先呈讀者，不待完善而發，非棄品質，旨在儘速示人，祈得讀者反饋，修文改篇，但求對得自己對得人。

作者之限，在於寫後數度翻閱，猶有遺漏。日後復檢，方覺辭句不順，辭不達意。幸今有網絡，能得讀者反饋，再行校訂。若諸位讀者細察此頁社交媒體帖文「編輯歷史」，或能發見文本多次修改，有時謹為一字之差，但求文意流暢。網上寫作過程有如雕刻，初出粗糙，後以細膩修改，去蕪存菁。

所謂「共學書寫」，乃作者與讀者互動最佳成果。讀者既為良師，提醒注意錯別字、觀點陳述、邏輯推論等。若真有不明不慎之處，我亦即當及早修補。對評語持開放包容之心，若違己所守，則寧堅持我見。接受他人意見之餘，亦相信本身判斷，不盲從以迎合。即使讀者不留言，但一讚一分享，亦為寫作動力，像益友加油打氣。

目前自設目標，週一、三、五發文，時間沒定，大抵為朝早六時十二分、七時二十一分或八時三十一分，數月後篩選雋永之文付梓成書。今向各讀者申明意向及目標，如許諾以自勵，亦願與讀者共睹成書過程，算作見證。

書名未定，前稱為「逍遙訓練場」，後定名為「逍遙行稿——逆風翱翔」，九運降臨，逍遙為重。

於中國西南部的雲南省瀘沽湖，湖邊打字，攝於 2003 年 2 月首個星期。當年筆者仍未有筆記本電腦，只用 Palm Visor 配以紅外線 Targus 摺疊鍵盤打字，完稿以 Springboard 存於 Compact Flash 記憶卡上，再到網吧上傳網絡。至於我身上所穿，是巴基斯坦買的 shalwar kameez 傳統服裝，男女皆宜，宮崎駿作品如《天空之城》，主角均有類似穿著。帽子款式流行於巴基斯坦北部 Hunza 地帶，當地辛那語（Shina）稱其為 pakol。

獻給
困於方寸之地的朋友

一、逆境也是善經歷

最觸動人心的故事，永繫於苦難之間。

放下外在期望，時刻內觀心志

過往寫作題目，從旅遊文章至近年時務政論，反映世態速變，見證苦難之時，連「節日快樂」亦難以啟齒，遑論談吃喝玩樂，寫作心境隨經歷變遷。

記得有讀者見我寫文方向改變，或因見解不合，屢次留言，一時如僧伽說佛勸回頭是岸，一時動之以情嘆懷念昔日文章。然而我過去文字取態鮮明，若讀者後來才感變化，乃因當初未曾相識。

虛心聆聽，是為美德，如文中理據有誤，觀點不清，得讀者指點，總願受教。然若涉立場主張，觸及核心底線，又或人身攻擊，強辭奪理，則寧堅守原則，拒絕迎合。

文始於興，若非所喜所好，焉能下筆？隨心而行，方能穩守平和，不為外物所動。時或吃力不討好，仍願留下書寫，皆因創作及研究過程自得其樂，遂能堅持探索。若有讀者共鳴，更屬萬幸。

要知事情是否心之所動，不妨反思，若無利益或讚賞，還能甘心做事？一味追逐讀者喜怒，又或盤算商業所得，只管奉承，忽視內在動力，萬一外因離去，寫作之志豈不盡失？

經年累月，近日重新動筆撰書旅遊主題，不慕風花雪月，但記途中感悟，願文字久存，以啟讀者之思。致力行文精煉，文白相間難免，僅求用詞確切，避用生僻字句。此文風昔日常見，非筆者所創，粵語古字多，諳者明白不難。斟酌用字造句，視之為練習挑戰，筆者亦能樂在其中。

固心志，守文風，由心而發，始能保有動力。時刻內省，願亂世中不落俗套，免隨波逐流。

一、逆境也是善經歷

印度恆河，與鹿野苑日月山法輪寺的僧人前往恆河做法事，攝於 2002 年 2 月 15 日。

遠行修煉訓練場

徒步於尼泊爾安納布爾納雪山，夜投茶館，原以為有熱水淋浴，某天館主卻說日照不佳，太陽能熱水器儲水少。眾人遂以布擦身，我卻照樣淋浴。朋友見我髮濕，詫異問何以洗澡，我答冷水。當時氣溫近零，海拔四千，眾人驚呼。

其實以前長居西藏拉薩老城區，電壓所限，恐負荷過重，居處從無安裝熱水爐，冬季亦習以冷水淋浴，視作磨煉。冷水不像熱水舒適，只是快速以水濕身，於腋下（armpits）、臀部（bottom）、陰側（crotch）三處擦肥皂後沖洗，即謂「ABC 沐浴法」，用時不過兩分鐘。洗髮時側身，免水流至軀體下肢，減緩降溫速度。

又於岡仁波齊轉山，正值冬季，寒風凜冽，朝聖者稀疏，沿路商店多休業，一時無茶館可歇。出發前問明晚宿寺廟均有運作，知晚餐可得，故不隨身攜糧，非無準備，只是途中不食也罷。因曾數度斷食十天，只飲水及礦物鹽度日，知身體機能，即使終日行走，只是半日不食亦無擔憂。

旅遊實樂非苦，然每當言及遠行如修煉，意指放棄原有習性，適應新區，當作磨礪。偶遇艱難，如旅館無熱水，茶館休業，則冷水沐浴，或斷食半天，走出舒適區，反覺自在。無法控制陰晴，但總能決定是否冷水洗澡。不可控時，慎選應對之態，由被動變主動。

朋友聽我談論冷水澡，問我回港後是否仍堅持洗冷水，非也，若有熱水，我還是喜歡熱水澡，尤在晨早提升體溫，加快心跳呼吸，促進血液循環，快速把副交感神經控制切換至交感神經控制。

朋友問何不堅持用冷水，倒聯想起我敬重的一位總編先生之言：「只要自由仍在，我們就要盡用！」我亦想以此答之：熱水尚流，我當用之。同理，於人禍勝天的肺炎肆虐期間，港人禁足，我在本土自得其樂。及後重新開關，我即遊歷四方。朋友以為矛盾，殊不知即使困港期間從不感外遊心癮，但只要路仍在，我亦欲行。

世變時逆，寧將面臨之不安，視作修煉園地。見人講人話，見非人時仍堅說人話，堅守我道，不必細慮應對，但求自省內心。世道荒唐，見賢思齊，見不賢則內省，逍遙以對。

一、逆境也是善經歷

攝於西藏聖湖瑪旁雍措，時值初冬，路人不多，遇見幾名朝聖者，攝於 2008 年 10 月 24 日。

慈悲之錨

我在 2002 年 11 月到訪阿富汗，即九一一事件後一年零二月。時美軍控制阿國北部馬扎里沙里夫，為當年全權控制之里程碑。我從首都喀布爾巴士總站乘車，遇夫婦孩童甚為友好，與我分享「四腦」（即核桃）及提子乾，我亦與其家人分享桑子。沿路山脈崎嶇，景致似巴米揚高山峽谷，時而壯闊，惟道旁房舍盡破。

不久，目所及處皆雪，至海拔 3363 公尺入隧道，隧道名為薩朗，全長僅 2.6 公里，蘇聯及阿國耗六年建成，1964 年通車，屬當時全球海拔最高地道，為阿國南北交通要塞，軍事經濟命脈所在。未料通車十五載，蘇軍入侵阿富汗，通路遭毀，世紀初塔利班執政，隧道依舊失修，只容徒步而行。

我到訪阿國時，道路剛修復不久，汽車可行，然而道內一片漆黑，僅靠車燈照明，車速如龜，水浸路上，車行時聽見濺水聲。行至中途，忽遇堵路，司機響號催行，乘客更覺不安。

汽車排氣，廊中朦朧，隱見車尾紅黃訊號燈，腦海凌亂，如幽閉恐懼。此時乘客忽抬高雙手，掌心朝天，輕聲唸誦《可蘭經》。我想起曾於佛祖初轉法輪地鹿野苑日本寺廟習得《妙法蓮華經》選段，那時晨暮唸誦，早銘記於心，還有少年時於齋鋪因好奇而取得《心經》卡片，隨心默唸，稍覺寬心。未幾車復行駛，離開隧道。

此後每逢焦慮，經文皆助我心。有年親喪之時，悲痛難免，心中唸經，較易渡過難關。又曾徒步非洲屋脊乞力馬扎羅，到山頂前空氣稀薄，唸經增長動力與信心。間或只想平靜，亦會默唸經文，視之為「慈悲之錨」（ancre de miséricorde）。

據說每艘船上，常備大錨，為終極救命靈丹，於風暴亂世中尋得穩定，稱為「慈悲之錨」。「慈悲之錨」或許只屬比喻，與真正航海運作不同，海錨非必實物，亦可為經文。

兒時曾上基督教主日學，我問導師既有《聖經》，何須背誦金句？導師答苦難時無法讀經，如但以理困獅子坑，身處禁錮，失卻自由，困鐵窗之時，然金句銘記於心，即能解脫。導師後於蘇格蘭因癌病逝，臨終安祥，無懼走過死蔭幽谷，大概因早已尋得慈悲之錨。

海錨可為《心經》、或《聖經》、或《妥拉》、或《可蘭》，或詩辭歌賦，又或心中抱持之原則。人受盡委屈，無法控制外界，至少心中留一片淨土，為安樂之源，正因別人無法干預，此等平靜泉源永

從香港往沖繩遊輪上，薯媽常說最難忘是那年於船上與一個香港家庭匆匆相遇，數年以來念茲在茲，照片攝於 2020 年 1 月 29 日。

不枯竭。

風雨交加難免濕身，然信念不屈，尋得最適合自己的「慈悲之錨」，日子不至過度難熬。

注：有關「慈悲之錨」的比喻，見於《所有的生命都在流動：大海給你我的生命指引》（Petite philosophie de la mer），作者 Laurence Devillairs。書中以事實陳述方式提及「慈悲之錨」，但查證後更覺只屬比喻。

一、逆境也是善經歷

善經歷

友人見我獨自旅行，好奇如何日日精彩，以為時刻皆趣。實則旅行多有寂寥枯燥之時，不僅獨遊如此，更屬人生常態。偶爾寫遊記，記述旅途見聞，必取其精彩之處入文。難道日常瑣碎悶事，亦要公諸於世？

曾遊澳洲，留十日於坎培拉，友人戲言，首都為全澳最悶之城，問我受何刺激而久留此地。又嘗小住比利時魯汶，終日無所事事。即使在西藏，文化宗教沉濈聖城，但旅居十餘年，偶爾亦有沉悶時光。

回顧以往多國旅行和旅居經歷，雖有起伏，依然覺得回味無窮。

一、逆境也是善經歷

澳洲首都坎培拉的人工湖，名叫伯利·格里芬湖（Lake Burley Griffin），不少黑天鵝聚集，攝於 2013 年 2 月 25 日。

行程隨遇而安，總有不可控事；判斷行程精彩與否，不在無聊時光多寡，而在其中所得。間中因一人一事，已足以令行程別創新意。此標準不僅用於審視行程、國度，亦可衡量任何善惡悲喜經歷。縱然痛苦，若能察其片刻美善，世界亦不復相同。

先旨聲明，此積極樂觀之情，必須發於本心，全賴自覺，非由外強加。若強逼他人樂觀，天真以為即能跨越一切難關，等如樂觀偏差，幾近冷血無情。

想起少時遭遇車禍，摯友喪生，我則臥院月餘，經歷雖痛，若無此禍，今日之我亦不復見，且難經驗其間蛻變與覺醒，人生軌跡或截然不同，故視之為「善經歷」。

所謂「善」，非謂過程無瑕，是於苦中尋其意義，得一即善。

一、逆境也是善經歷

彩虹常在，惟觀者抬頭方能察見

曾遇遊客，初抵藏地即遇雙彩虹，問我有何啟示。我直言西藏高原，常見彩虹。遊客聽後，似感不足，反覆追問，深覺定必有因。言談越說越神怪，我才明白過來，原來遊客深信自己擁有神秘力量，認為彩虹為其而生。其後西藏朋友得知此事，跟我說不少遊客來藏，想像力驚人，或自謂高僧大德顯現，或自以為空行母轉世，啼笑皆非。

若我隨著遊客意思，妄言「彩虹因你而起」，他應滿意。可我必須坦白說，高原彩虹出現機率遠超低地，因空氣清澈，塵汙少，氣壓

一、逆境也是善經歷

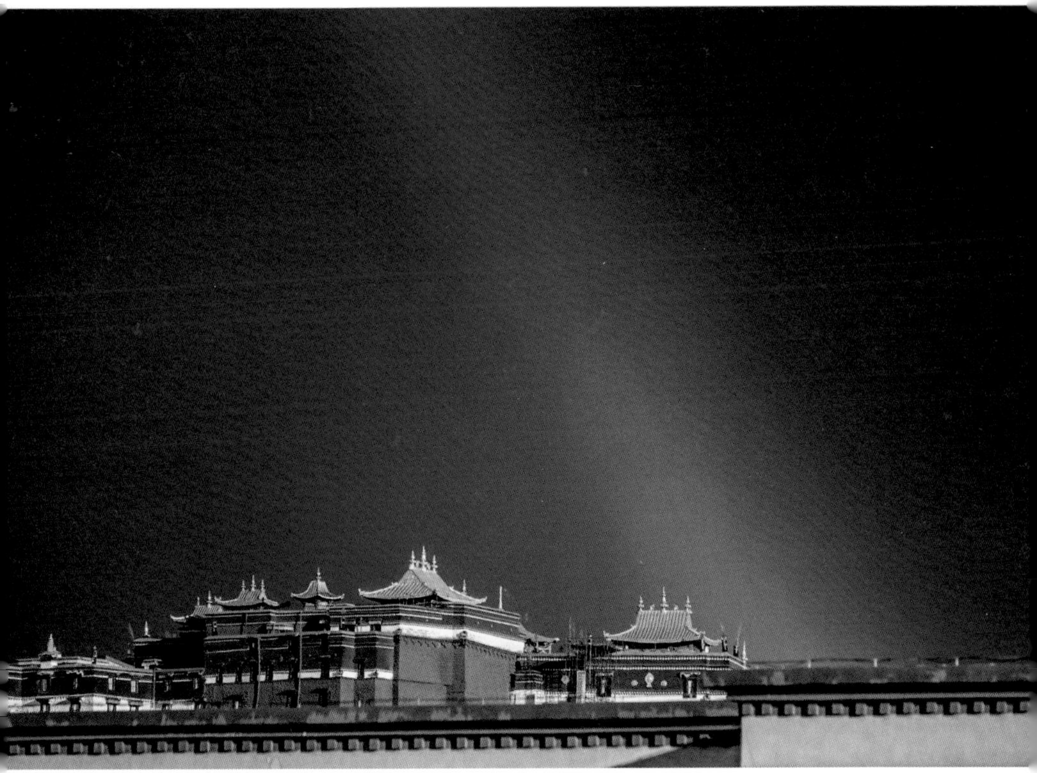

布達拉宮上雙彩虹，另一條彩虹在畫面以外，攝於 2018 年 6 月 16 日。

低，日光易透，視野廣闊，加上氣候速變，雨水或生或滅，高原視角，皆利彩虹生起。

得見彩虹，自是喜悅，記得多年前與好友漫步拉薩，走至天橋，忽見布達拉宮上浮現雙彩虹，心亦歡喜，至今猶記當時感動。然而感動歸感動，若妄自尊大，以為彩虹為己而起，是何等傲慢，過度牽強。

於瑣事尋快樂，因天色而高興，悠悠天地間覓得意義，乃人生正道，荒亂時勢尤須如此。但當明白，虹光非因己而起。彩虹常在，惟觀者抬頭方能察見。非言抬頭必見彩虹，然而若不抬頭則肯定不見。

一、逆境也是善經歷

不可控者，憂之無益

有次接受訪問，言談超歡，提及騎單車自泰國到西藏的經歷，然後話鋒一轉，說到少年時代遇車禍重傷，人生看法。主持忽說我斷過兩條大腿骨再去踩單車遊西藏，是鼓動人心、勵志之事。意思大概是曾受重創的人，及後竟成長途騎行，反差之大，足以編織勵志故事。

我以前雖然寫過車禍，多從生命傳承、自省角度去看，鮮以勵志方式呈現，或因我雖曾雙腿骨折斷、顎骨移位、頭骨爆裂、腦有瘀血，但從未嘗以重傷為行事障礙。

障礙有不同形式，傷患為限制，年齡為限制，金錢、時間亦為限制。每當提及此等曲折不應成為阻滯，常有人自覺中槍，對號入座。你說傷患非波折，他列病歷若干；你說年齡非困局，他曬冷般列舉老病徵狀清單；你說時間非束縛，他說家事纏身。再說下去，對方便要責怪你缺乏同情心，兼指你未經此難說得輕鬆有如風涼話。

難道要找八旬仍徒步旅行的人，才能說服七旬自怨自艾者年齡非障礙？難道要找赤貧家庭，以說服中產金錢非唯一條件？難道要找日理萬機且上有四老下有兩子女照顧的人，才能說服人時間可自控？又抑或，難道要找受過重創的人，以證傷患非行動之障？

此所論者，非對他人困局的看法，而是自身逆境之應對。若與伴同遊，因其年長、傷病，慢行遷就，相互扶持，多安排休息或上廁時間，用餐頻密免其捱餓，乃人所共知，人之常情。

然而對苦難之包容態度，應如「敬語」，於他人合宜，於己則免。

正如不稱自己父親為「尊翁」，對他人苦難宜寬容，對己困局則另眼相待。如他人子女吵鬧，父母難為情，為不令其尷尬，說句：「小孩子嘛，沒事。」無可厚非。反過來，若父母任由子女擾人，見別人面露不悅，還反罵他人：「小孩子嘛，沒關係！」則是失教。同理，別人察覺自己困局，多給理解，此為同理；若因己困局，視為萬能藉口，索人同情，則認知有誤。

旅途多有自省之地，於眾多領悟中，學懂何謂可控為要。限制分作兩類，一可自控，一不可控。不可控者，憂之無益。一味自憐自艾，易墮「下降螺旋」。若不自省，只會每況愈下，不可不察。

一、逆境也是善經歷

藏曆羊年是德欽卡瓦格博神山的本命年，在山上遇到的小孩朝聖者，攝於 2016 年 1 月 6 日。

面對磨難，猶如迎賓

行遊於世，遭遇眾多，而讀者最愛讀的主題，多為旅人顛仆之事。縱然文化體會甚深，卻難寫得引人入勝；反之，記述旅途或人生苦難，更為人津津樂道。

有如曾於巴基斯坦徒步，不慎滾落山崖，輕傷骨爆，休養一月。或在外地遇賊，報警求證遺失，警員卻誤把「香港」寫成「日本香港」，花半天未能更正，最終以塗改液及原子筆直接在打印紙上修改，警員簽名了事。旅行以外，往昔曾撰文多篇，談及少時車禍，摯友亡故，讀者反響頗大。

此等故事，各可獨立成篇，觀乎讀者回應，似亦愛聽此類題材。然而讀者大可放心，我對人性仍抱希望，深明讀者非樂見人不幸，絕非以「睇人仆街」為樂，但人類經歷千萬年進化，得以留下來的人，潛藏基因愛從苦難故事中尋找意義。

最觸動人心的故事，永繫於苦難之間。經典劇本教材《故事的解剖》（Story），作者 Robert McKee 曾言：故事之要，在於主角之苦，衝突才能驅動故事，唯有苦難方能成故事主軸，傳遞深義，意蘊悠長，令人得益。閱讀他人之苦，方能有謂「導瀉」（catharsis）感覺。

能有此覺悟，對人生苦難自有更深刻體會。並非期待苦難來臨，而是旅行如人生，逆境難免，然而即使壞事不幸降臨，仍可自我安慰，雖非所願，至少留下一則好故事，或能啟發他人，留芳後世。

如要報警，就當參觀警局，另類文化體會；若需就醫，則當訪問醫院，觀其運作。剛提到於巴基斯坦跌傷，當時滿面焦損，步履蹣跚，照X光後才知蹠骨爆裂，卻遇巴國警察見我受苦而甚為憂傷，說到動情處還眼泛淚光，稱我為兄弟，還幫我找順風車回城，讓我明白，即使警察，亦有好人。

固望萬事順利，然當麻煩來敲門，非受不可，願我等皆持樂觀勇敢之心，細記時代故事。面對磨難，猶如迎賓，泰然自若，無懼無急，預先梳洗，以樂觀勇敢之心應對。

一、逆境也是善經歷

塔斯曼尼亞首府荷伯特，雲層銀邊，攝於 2013 年 3 月 23 日。

生活即修行

曾於佛祖初轉法輪之地旅居百日，住日本人創建寺廟，名為日月山法輪寺，屬日蓮宗。每日晨五起床梳洗，六時唸誦，午或抄經，或冥想，寺中亦有雜務，傍晚五時復又誦經，早睡早起。

友人聞此經歷，常有兩極反應：一者羨慕，謂其清靜神聖；有人說寺院單調乏味，難以長居，一聽五時起床更連聲說不。然而我等生活其中，倒不覺殊聖或苦悶，只覺如同生活日常。

修行即生活，不以每日冥想為神聖，只視之為日常。猶記當年曾感驚訝，過往居然從未修行，想像離寺後應堅持練習。然而返回市區後，修行遂止，間或冥想、誦經，已非朝暮之事。

多年後又有幸入住內觀冥想中心，十日禁言、禁網、禁手機，晨四起床，終日冥想至晚九，修行生活復始。有從未入過內觀營的朋友聽罷，驚問何能十日十夜不言不網不手機，常覺不可思議。然而若得活在其中，則無逆拒，亦無憧憬，因二者皆顯不適。若常格格不入，何以安在？

若以寺中修行為順境，逆境適應豈非同理？疫情封城期間，香港人與世界斷軌，內外交困，有如荒島，外人以為香港情苦，然當時生活其中，倒也不覺甚苦，反而趁機理解我城，圍爐取暖，自有另一番意義。

更甚者，友人困於斗室，問其最難適應處，之前對審問應答機敏，此刻談到自己經受苦難，卻一時無語。眾問難道無不適應處？答曰冷暖自知，衛生欠佳，均屬實情，然而實無過度不適處，因諸事皆被動，反正無法控制，更不必擔憂，專心一致，每日讀書六小時，視之為難得奢侈。此等心志，即堅韌回彈。

所謂回彈，非對周遭環境麻木，亦非無視冷暖衛生，而是若必居其中，自當適應，且能從中覓得生活之義。身處境外，難以窺其箇中體會，故常聞境外者反需境內人之安慰。

主動入寺生活，與被動居於斗室，兩者截然不同。若有人以為兩者相提，等同蔑視失卻自由之苦，是肆意曲解文意，荒謬至極，不可理喻。然而引述過來人看法，常懷警醒，他日艱困之時回首，或有助振作。人生要務，莫過於不論順逆，皆視之為生活，視生活為修行，活在當刻，尋其真義。

印度鹿野苑日月山法輪寺，該寺建於 1992 年，創寺住持為佐佐木鳳定上人，照片中唸經者即為上人，拍攝日期約為 2001 年 1 至 4 月間。

沙漠的步伐體會

在迎接 2024 年的除夕之夜，到了突尼西亞的撒哈拉沙漠，元旦破曉眾人爬上沙丘看日出。在沙丘斜坡步行，行一步，退半步，走起來倍覺吃力。我卻像一支箭般飛奔往前走，走到老遠。

朋友以為我體力好，其實不然，只是我想起多年前到另一個沙漠參觀時領悟到的一個竅門。話說那年到戈壁沙漠，首次爬上沙丘，每步細沙鬆散，難以借力，像永遠不能前進，總覺被拖後腿，困乏之餘，也感沮喪。當時遇到一名在北京唸書的學生，見他絲毫不受阻礙，如箭般跑至沙丘頂。

2024 年元旦日，撒哈拉日出。

我仔細觀察他走路的方法，發現其姿勢與他人相同，以同樣的步伐跑上山丘，唯一分別是他即使溜後，仍是以幾乎一樣的步伐前進。別人是走一步，退半步，不知所措之際，才遲疑地踏出一步；他卻是走一步，溜後半步之間，早已果斷地邁出另一步，沒絲毫猶豫。

當你明白腳踏沙丘，借力不易，本來就是充滿無力之感，落後更是無可避免，然而有此心理準備，只要堅定地抬步前行，便能感受到上升的動力，甚至享受落後的快感。

在 2024 年元旦日在撒哈拉想起年少時行走沙丘的步伐體會，當是給大家的新年祝福。

二、行走即意義

二、行走即意義

我不以行走費時為負擔，而是將其視作認知世界的最佳實踐方法。

出行的意義

談起西藏，即使離開已有多年，偶有人問及行程建議，我列舉大城小鎮、名勝古剎，猶如條件反射。然而我的西藏記憶，通通與景點無直接關係。布達拉宮固然宏偉，但我一直記起的卻是與摯友共繞轉經道，身躬五體投地禮，以身體長度覆蓋轉經道距離，彷彿將心靈與土地緊緊結合。又或是漫步拉薩城，擺脫背後死死跟隨的尾巴，爬進廢墟，想像尊者昔日的身影。

說起伊朗，亦是我特別喜歡的國度，每念及此，便憶起道別之時，朋友夫婦帶我買香料，逐一書寫名字及翻譯。我問伊朗人何以如此友善，友人謙稱是出於《可蘭經》教義。到訪聖地墓陵，伊瑪目問我有何宗教，答是佛教，他叫我唸佛。我詫異地問在清真寺唸佛是否合適，伊瑪目笑說無妨，遂唸《妙法蓮華經》〈提婆達多品〉，他問其義，我說善人即可見佛，他笑著舉起雙手說：「我見到了。」

到尼泊爾徒步，安納布爾納峰震懾人心，然我所念，乃途中與志同道合者夜聚茶館，話題由填歌詞到國際仲裁。還有撒哈拉之夜，月出前星海縱然耀眼，卻不及帳篷燭光映照下的對談，話題無遠弗屆。古蹟歷史悠遠，卻總不及共同漫步回憶，幾近深刻銘文。

越去旅行，越發覺行程設計更為簡單，甚至一城留十日。因為出行不是景點串連的過場，而是點滴經歷的積累；出行非清單一覽，而是感悟四方人事。細心一想，於茫茫滄海中得遇，實是萬中無一，正因其獨特，才成就近乎超然的體會。

此等經驗常顯平淡無奇，卻是我在旅行中最念茲在茲的回憶，藉此尋獲出行意義。

撒哈拉營地的星夜，攝於 2023 年 12 月 31 日。

行走即意義

自十餘年前，布達拉宮接待遊客人數每日 2300，至今每天 4000 人。藏人朋友驚怪此事，擔心宮殿損毀。而不少來藏遊客，仍覺宮殿一票難求，或需提前通宵排隊，或以高價參加「一天遊」。

所謂「一天遊」，多為漢人組織，索價過千，早晨遊布達拉宮，中午指定購物，午後參觀大昭寺。導遊恐防遊客走畢宮殿後離隊而去，錯過購物宰客商機，遂或扣其證件，謊稱大昭寺購票要求。此類旅團無聊至極，重於購物抽佣，漢族導遊解說不倫不類，遊客倉促參觀，往往失望而回。

然對多數藏人而言，朝聖非僅限於入寺入宮，更重於行走轉經道，如「孜廓」或「帕廓」[1]。我認識不少藏人朋友每日例行，若想相約見面，不需定時定點，多在轉經道上相遇。遊客若未能參觀寺廟或宮殿，實也無須發愁，於全日開放的轉經道上，更能了解西藏文化。

藏人日常朝拜，設置於轉經道上，與生活融而為一。拉丁古諺有云「世界乃眾神之廟」[2]，藏人轉寺、轉宮、轉山、轉湖，等同視世界為眾神之所，敬畏天地之心，實與羅馬古人異曲同工。

藏人徒步朝聖，合我性情，亦是旅行常法。有次於尼泊爾加德滿都短留十餘天，暫住友人家中。每日從市中心起行，或東行或西進，不依交通速度，體驗城市節奏，感受街道氣息。某日見店肆皆休，乃知過光明節，途中見犬頭塗有紅點祝福印記（tika），拍攝街上趣聞。

由印度教領域，行至藏傳佛教大寶塔區，彷若遊走兩個世界。

正因喜愛漫步浪遊，何處均覺樂趣無窮，從不怕遺漏景點，因走過之地，較所謂必遊景點更值探索。徒步即旅遊，無須繁複計劃，故可隨時啟程；且起行已自足，故不因無謀劃而惆悵；既知行走即意義，不以無目的為愁；每步未知，故皆為趣。

1 「孜廓」即布達拉宮轉經道，亦稱作「頗章夏廓」；「帕廓」即大昭寺轉經道。

2 原句為拉丁語：Mundus ipse est ingens deorum omnium templum.

尼泊爾加德滿都光明節，敬犬日（Kukur Tihar），攝於 2023 年 11 月 12 日。

步行時我在想甚麼

我喜歡漫步，不論異鄉或本地皆然。或神山轉山，或聖湖轉湖，或海濱閒遊，或市中漫觀。好幾次要到深水埗一拳書館舉行講座，若有閒暇，先從北角起行，走至灣仔或中環碼頭，乘船往尖沙咀，再步行至深水埗。徐徐行者，需時百餘分鐘。

或有人問：本來車程只需三刻鐘，漫步豈不虛耗時光？先旨聲明，自知能以百餘分鐘步行代替四十分車程，如此自由自在，確是福氣。每人際遇不同，家中負擔各異，自由既有客觀條件，但亦有主觀意願。我不以行走費時為負擔，而是將其視作認知世界的最佳實踐方法。

步行時可構想講座內容，路上可觀察，可深思，可聽書，可寫作。所謂路上寫作，或在腦海組織篇章，又或手拿筆記簿記下摘要，近幾年語音讀寫已趨成熟，錯漏依舊百出，但反正不要求完美，功能足夠起草大綱，待坐下再仔細重寫校對。

總覺路上悟性更高，似是步行刺激大腦釋放內啡肽等神經遞質，刺激大腦，提高思考，有如行禪。步履中獲得正念，人生中創造價值，平凡中求索真諦。西藏人磕長頭朝聖，正是以身高丈量朝聖之路，讓身長覆蓋全程，一步一如來。天地如萬神之寺，肉身、精神、環境融合，生活即朝聖。

推而論之，旅行之時，亦不必無時無刻費神安排景點，正因步履於途，日常街市小巷、一花一草，所見日常，皆遠比遊客景點更為吸引，更具啟發。有此體會，便明白行走之意，非在終點，而在過程本身，乃生活之深省與體驗。

以身體漫步，實為心靈之旅，以心感覺世界，愈覺自身存在。不懂此理的人，以漫步為日常苦差。明白此理，則視漫步為樂事。於筆者而言，正是：行故能思，思故能在。若因黑雲壓城，風雨交加而不能自主外出，寧願堅持於狹小房間中來回踱步，亦不甘心停下。

突尼西亞 Tozeur 沙漠。荒野之景，非相機所能盡述，故試以人工智能相輔。核心圖片攝於 2024 年 1 月 2 日，攝影者為玲，人工智能工具為 Photoshop Generative Fill，效果頗覺驚人，實能重現當日所見。然為免讀者感誤導，在此必須聲明，除此照片外圍部份由人工智能構建，書中其餘刊印照片均為實際拍攝。

重新學步

學步之事，眾人大多遺忘，然我卻記憶猶新。因少年時遭逢車禍，雙腿骨折，送入深切治療。家母說我病榻時，腿裝骨骼外固定器，狀似打釘，頗覺駭然。當時莫說步行，連床上轉身亦不能。事發後十一日，物理治療師及助手攙扶，腳亦無法伸直。

原來短短十餘日未下床，肌肉已萎，關節僵硬，腳不能伸。所謂重新學步，首先練習伸直雙腿。治療師料需一週，我卻一日成之，見我一日伸直雙腳，驚異其事，每見醫生護士病者均大讚後生仔果然不同。

西藏拉薩布達拉宮後方，當天與茨仁唯色同遊拉魯濕地，回想起來雖覺遙不可及，幸好那時過得盡興，現在雖已不會回去，卻也無憾，攝於 2013 年 10 月 1 日。

實情因為同一車禍中，要好同學斃命，我心急欲赴見其最後一面。心知若腿不伸直，出走無望，於是夜間勤苦練習，忍痛伸腿不輟，卻不敢明言。翌日雙腿雖然伸直，卻始終無力，終未能出席喪禮。

重新學步最大體會，步行看似簡單，實際步驟繁多——必先雙腳與肩同寬，足尖朝前，保持平衡，踏步邁進；待前足著地，後腿微彎，再推步助力，如此類推。

尚有一點至關緊要，動作縱然簡單，然而只消十天躺平，任何今天看來易如反掌之事，亦易陷入困厄。正因日常堅持，才保前進動力。今日堅持即使看來輕於鴻毛，實際意義卻重於泰山。

有此覺醒，乃知堅持即偉大，行走即意義。

二、行走即意義

衛星定位

有次遊古巴，因手機無網路，加上夏灣拿的街道和房舍設計相似，認路頗感困難。當時未用離線地圖，回旅館走了不少冤枉路。朋友聽我方向感差，頗感驚訝，以為旅行多國，方向感必佳。這也反證了即使方向感差，亦無礙旅行。

智能手機普及之前，我是朋友中最早使用 GPS 的。當時只覺衛星定位科技神奇，遂購一台 Garmin 12XL 手提定位儀，無內置地圖，僅黑白顯示。唯一功能是設定航點，追蹤回程。當年民用 GPS 誤差達 50 米，非技術局限，實為美國政府以國安風險為由，刻意干擾，稱為「選擇可用性」（Selective Availability）。後來，美國政府明白再以國安名義肆意限制民間發展，勢必影響國競爭力，遂於 2000 年 5 月，美國總統克林頓正式宣佈移除干擾。即使多年後各國推出定位系統，美軍 GPS 依然佔有絕對領先優勢，這與該開放決策有莫大關係。

此則消息當年於香港未廣為人知，但我卻興奮不已。聞訊後即奔大廈天台，竟收得訊號，精準度達五米。初時旅行常攜定位儀，2000 年遊中國廣西省陽朔漓江，船家原應行十公里，開至半途，想欺騙我們已至目的地。我查看定位，知尚餘五公里，船家初時抵賴，但見衛星定位無所遁形，只好乖乖送我們到目的地，同行旅客對此科技讚嘆不已。不過，初代定位儀僅能畫出兩點直線路程，中間障礙物需自行探索，實用場景有限。直至谷歌地圖推出，方覺定位成為日常必須。

從現代回顧過去，總覺原始生活浪漫貼地。迷路換來有趣經歷——某年在泰國騎單車找不到旅館，問當地人，竟邀我到其家中過夜。有次在法國問銀行去路，竟遇善心人出錢代購車票；我想婉拒，但她卻說過往旅行亦受善心人相助。後來遇需幫忙者，出手時亦憶起路上所遇善心人，是旅行最珍貴回憶。

然而今時今日旅行，寧願科技輔助。我雖喜歡隨意漫步，不代表任漂泊於大海。正因有精準定位，更願大膽行走，自由探索而無憂歸路。正因有此安全底氣，方能豐富與世界接觸。若無手機地圖、住宿應用、翻譯軟件等，反覺行動範圍受限。

科技或使我錯過問路時的隨機喜悅，卻同時拓寬認知界限，既如明燈，又如指南針。關鍵在於善用科技，增益旅程，無損探索之樂，互補而不掩。

遊中國廣西省陽朔，租漁船遊漓江，攝於 2000 年 10 月 17 日。

無限耐心

衛星定位普及之前，曾應泰國友人之邀，騎單車從曼谷至暖武里，路程僅二十公里，我卻不識其途。朋友大驚，因為我們多次同行此路，何以尚不認路。即使走過多次，若無刻意強記，亦往往毫無印象。對於認路強者，走一次即能記憶路徑，我常驚異其能。

我難以單憑方向認路，唯有依賴圖像與文字，例如轉角處有旗幟、路旁有路標、或奇特建築。若道路設計甚為相似，辨識難度更高，唯有不斷重複行走，方能加深印象。提及此事，也無自貶之意，只當是各人學習或記憶模式不同，可相互補足。

現今難免依賴手機地圖，方向感進一步退化，但我仍喜定位安全感。有次在比利時，住處附近有一四方形小廣場，共四條分叉路，一路通車站，一路通超市，一路通市中，一路通咖啡館。四路口甚為相似，行走多次，仍覺迷失。住了多日，反覆而行，方才熟悉路徑。

衛星定位活像良師，勝在有無限耐性。顯示西行，誤走向東，即使故意行錯，GPS 亦從不申斥，只會根據實時位置，重新定出最快路線。無論犯下多少錯誤，總給予新機會，助重回正軌。

試想有一種導師，每見學生犯錯，本可直接糾正，卻寧願花費數倍時間痛斥，浪費資源，學生一無所獲。另一類導師，從不追究學生過失，只依據當前情況即時反饋，免除學習焦慮，令學生於實踐中構建知識，自主修正。

人工智能之所以成絕佳學習工具，正因其具備無限耐性，如同私人導師，循循善誘，任由學生尋根問底，從不苛責或羞辱學生，提供即時反饋。縱然 AI 間中出錯，或有所謂幻覺，但其發展迅速，已有大幅改善。若然至今仍期待所謂「完美」而不願使用人工智能，無疑錯過重要學習工具。

這種無批判指導，對我待人態度亦有啟示。常自問教學或講座之時，能否如 AI 般耐心解說，避免令人挫敗，反阻對方學習進程。

雖說方向感差，但無礙單車之行。沿著寮國 23 號國道，轉入 34 公路，當日由孟品（Muang Phin）踩往 Ban Taa Tung，全長只有 54 公里，不過遇到斷橋，無法踩過，只能坐摩托木船橫越色邦亨河對岸，相片中右邊穿紅衣者為船伕，攝於 2005 年 4 月 9 日。

自定其謀，自負其責

以前經常有人問我西藏旅遊之事，醫療問題尤多，如高原反應。我答時常確保基於可靠醫療資訊，非僅以個人經驗而談。

然有一類問題總要迴避，如問：「我（或家人）患某病，能否去西藏？」病況包括高血壓、心臟病、糖尿病之類。病患與入藏本無定論，病情亦有輕重之分，事涉繁多，單憑丁點資訊，如何能給建議？即使熟知病者，亦難準確回答。

最大問題乃遊藏與否，本屬自決，今問若病能否入藏，我若答可，旅客到埗後，倘高原病發，我豈非無端受責？旅行所及之處，自己

西藏布達拉宮星空，攝於拉魯濕地，日期為 2012 年 11 月 3 日。

方能權衡利弊。問他人患某病能否遊藏，看似諮詢，但於筆者聽來，猶如外判責任，何以回覆？

行動前與其問：「我患某病能否入藏。」更應問：「我打算來西藏，但患某病，應當注意何事？」兩者表面雖似，後者卻自己掌握決定權，不必他人分擔責任，答者亦無壓力，隨君決定給予意見及支持，當然樂意。

自定其謀，自擔其責。旅行如是，移居如是，投資股票如是，投資密幣如是，人生大小之事亦當作如是觀。

二、行走即意義

過度提示

行山時，隊友相互提醒，本屬常事，然而有次遠足，朋友頻密提示眾人，幾步一提。起初大家禮貌應和，但越提越密，上樓梯提示，地面稍有凹凸又提示。提示過度，弄得人人心煩意亂，頗擾行山雅興。善意提醒無妨，然過頻反擾清靜，失卻原意，自此避免與其遠足。

記起某年在拉薩遇一香港旅客，瞞家人赴西藏旅行。家人得知其到青藏，擔心高原反應，且對藏區有誤解偏見，憂慮不堪。旅客自己做足功課，但為免家人囉嗦，索性隱瞞行蹤，謊稱到他國旅行。眾人一聽其家人從香港來電，立即配合，背景談話儘量避免任何西藏關鍵字，既搞笑，亦荒誕。

每談及過度提示，總有人說此出於善意，但善意與煩擾不相悖，雖知對方好心，亦難免滋擾。非謂提醒無益，適當點撥勸告，無可非議。然一次是提醒，兩次則煩人。反覆提示，猶如執著與控制，善意成負擔，變相干涉他人自由，非但無益於安危，反成疏遠之因。

且不少擔憂出自無知，譬如隱瞞家人赴遊西藏的旅客，其家人之所以擔心，竟因數十年前有香港當紅歌星赴尼泊爾拍攝，期間高原缺氧。實情是歌星因外邊寒冷，封窗燒炭供暖，致一氧化碳中毒，非單純高原反應。無知生畏，腦海因恐懼而填滿想像的負面細節。

人生諸多抉擇，常有人說三道四。猶如去留之間，妥協與堅持之間，躺平與拼博之間。本來叮囑一兩次以表關心即可，何用反覆提示，徒增困擾？若提醒基於無知或恐懼，更無須散播。尊重對方判斷，從旁支持即可。以隱瞞遊西藏的旅客為例，若然家人真擔心高原安危，不如為其購買旅遊保險更為實際。

二、行走即意義

西藏珠穆朗瑪峰大本營，攝於 2019 年 5 月 20 日。

衰老的特徵

衰老的一大特徵，就是經常把「年紀大」掛在嘴邊，當成萬能之辭。

有人跟我分享不能去西藏的原因。其中一個常見的所謂「障礙」，就是年紀。樣本大概如下：「我都好想去西藏，可惜我後生時無機會去，現在年紀大了，想去也不能去了。」也聽過有人說羨慕他人可到尼泊爾高原徒步行山，心動為何不行動？原來也是因為「年事已高」。

初次聽到，以為對方有何隱疾，如高血壓、心臟病、糖尿病等，通通不是，只以年長自託，一味嗟嘆悔不早行。年齡當然與身體機能息息相關，卻也非唯一關鍵因素。高原徒行，常見長者，絕非罕見，步履與後生無異，有研究更指出老年人在高原，適應能力不遜年輕人[1]。

有次住在多人間，一房約十五人，有一人鼾聲有如雷電，鄰床能感其震動，姑且稱之鼾公。當時因場地所限，不得換床，眾人只好忍耐。後有善意者勸鼾公就診，憂其有睡眠窒息，鼾公卻答：「你們年紀大點就會明白。」他似乎認為鼻鼾只有一個原因，就是年紀。

並非說年齡沒有絲毫關係，談及老齡影響肌肉張力，加上身體發胖，確有增加鼻鼾機會，但打得地動山搖，大概不只純粹跟年齡有關。忽略諸多因素，一味以「年老」作託辭，似是把無情歲月當成自尊之盾。

年紀也許會影響機能，然而若真的想出行，平日有正常運動鍛煉，加上長者可花錢財較多，多請挑夫或導遊，食住行條件較佳，年齡非但不是旅遊障礙，反更是優勢。

歲月一去不返，乃客觀事實；然而所謂歲月催人，其程度還是有厚薄之別，因主觀而異。若心有所志，真想出行，年齡不應成為障礙。最佳出行時機，只有兩個，或是青春，或是當下。

作者之意，難於單篇文章盡現，建議同時閱讀〈不可控者，憂之無益〉（54 頁）一文。

---

1 有關老年人在高原適應的研究很多，引自此研究，「儘管隨著年齡增長……老年人患有尼性高原病的風險較低。」（Suzy Stokes, Nick S. Kalson, Mark Earl, Adam G. Whitehead, Ian Tyrrell-Marsh, Hannah Frost, Andrew Davies, Age is no barrier to success at very high altitudes, Age and Ageing, Volume 39, Issue 2, March 2010, Pages 262–265, https://doi.org/10.1093/ageing/afp246）

比利時根特市自 2011 年開始舉辦「光節」（Light Festival），為期一星期，全長 7.2 公里的行人路，藝術家以不同方式照亮全市，寒夜卻真正繽紛，攝於 2024 年 1 月 31 日。

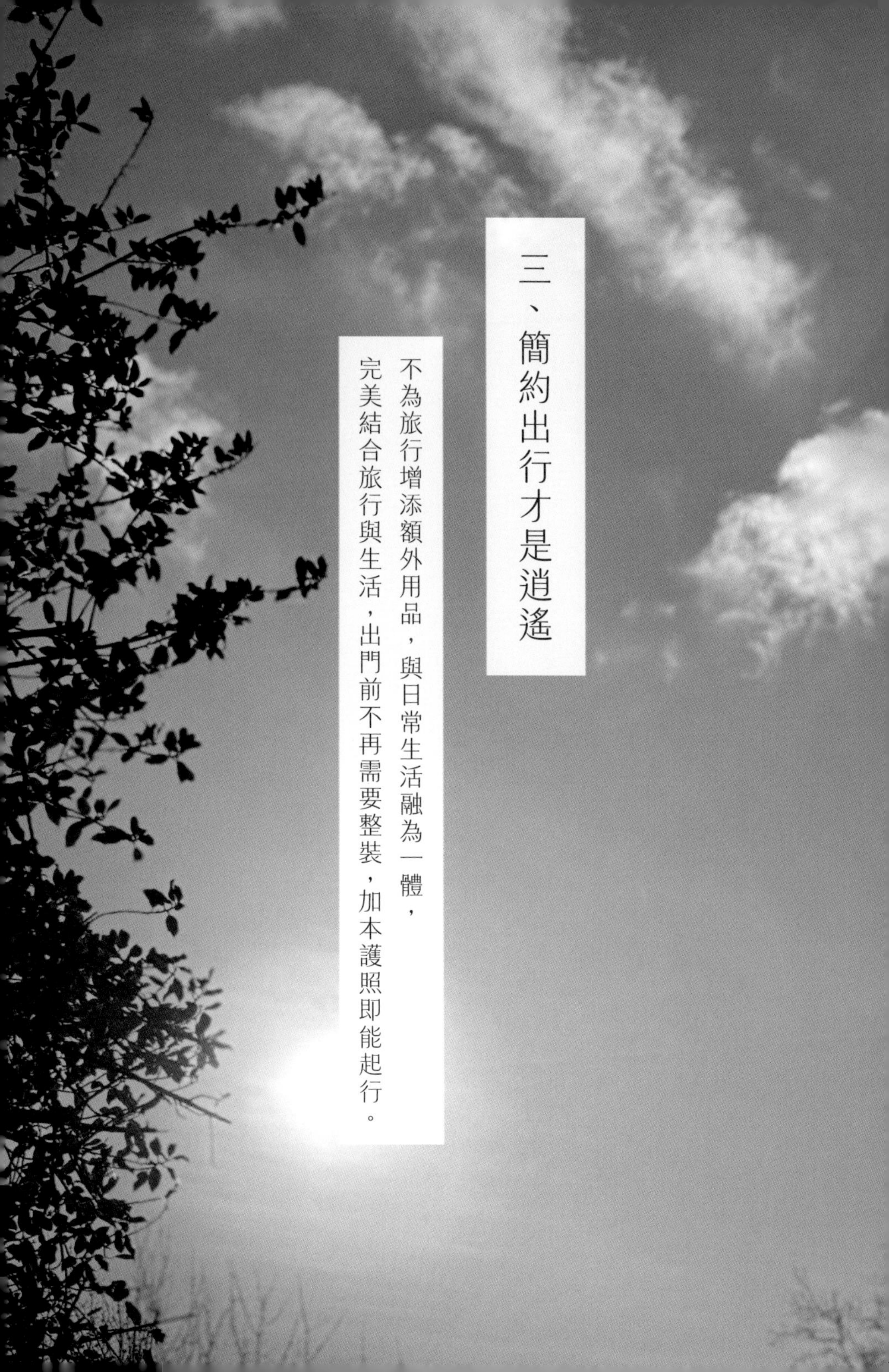

三、簡約出行才是逍遙

不為旅行增添額外用品，與日常生活融為一體，完美結合旅行與生活，出門前不再需要整裝，加本護照即能起行。

不為旅行添置額外之物

朋友問我徒步旅行所需裝備，我常建議使用日常穿載之物，避免浪費不必要的新購。若外遊時遇上極端情況，當然稍有例外，諸如登峰潛海滑雪，那是實務必要，不在此列。若只是遠足徒步，或沙漠之行，平日穿著的運動鞋，往往遊刃有餘。

新購物件最大問題，是未經久測，中伏風險大。曾見有人為旅行而新買「專業」登山靴，到埗後始覺磨腳，全程受罪。在「專業」二字加上引號，因那只是高價的代名詞。對真正的登山達人，例如尼泊爾揹夫，即使背上 20 至 30 公斤，常穿正常運動鞋，間中還遇只穿

2023 年徒步尼泊爾時的年輕揹夫 Dabendra，攝於 2023 年 10 月 31 日。

布鞋或甚至拖鞋，如履平地。衣物亦如是，挑夫衣著像去街市買菜，沒有 Gore-Tex，反而健步如飛。

平日不好意思胡亂花費，旅行儼成滿足購物慾的好藉口。途中變故頻生，總能找到購物的託辭，好聽點是為旅途應急，預防萬一，買了不用就當求個安心，如同神祐。

若物件好用，何不日常使用？我在旅途中的梳裝袋，正是家中所用；背囊、錢包等亦與平時相同；電腦及充電插頭一直使用國際通用款式，免得外遊時不習慣。一雙運動鞋，只是運動用品連鎖店的便宜貨色，行遍香港海濱長廊、尼泊爾安納布爾納高原、突尼西亞撒哈拉沙漠、巴黎的雪地。若遇雨雪，怕腳濕冷，配備防水襪，即能輕鬆應付。

不為旅行增添額外用品，與日常生活融為一體，完美結合旅行與生活，出門前不再需要整裝，加本護照即能起行。

遠遊之樂，捨物除習

朋友說不喜背包遊，謂其生活過於「簡陋」，然我以為旅行之樂，正藉於此簡約。擺脫日常，驚覺一切安好，方知世間許多事物均無必要。

問出遊須帶多少條內褲方為妥當？最初會帶三數條，但經不同測試，兩條已足；選用快乾衣料，一條穿著，一條替換，夜洗朝乾。或說剃鬚用泡沫固然舒適，但若然體毛不算濃密，洗澡時以水潤面，浴後鬍鬚已柔；放慢刮鬚速度，已能減少摩擦，避免紅腫。

或論及抹身毛巾，我偏好棉質厚重者，但旅行不便攜，改用快乾毛巾。我出遊時帶備的快乾毛巾只有手帕大小。既是快乾，先用其拭身，扭乾再拭，吸水效果還不錯，足以抹乾全身。又如在家中每天飲即磨咖啡，曾幾何時出行時帶備磨豆工具，決心精簡行裝後，卻發覺即溶咖啡也非不可。

在西藏生活時，曾蒙直貢提寺主持允許觀看天葬。藏人不論貧富，多以此法處理亡者。天葬非送魂上天，而是最後布施。與其他葬式相比，只有天葬才能讓人親眼目睹屍體化為烏有，骨灰殆盡，不論貴賤，終無所攜。

如情況許可，但願自己身後也是以天葬處理。然非人人皆能體會天葬，旅遊則是人所共有的經歷。居家囿於常規，旅行則能學習抽離。行遠必自簡，謂之捨離。即使不以背包走天涯，頂多只能一人帶兩箱，還是要領會篩選的考驗。我剛才提到經過不同測試，方知原來兩條底褲已夠數，其做法簡單，有次帶三條底褲外遊：一條穿著，一條替換，一條後備；全程未用後備，便知可省。

捨離不代表風餐露宿，席地而睡，那是另一境界。然而習於遠遊，體會捨棄之樂，方知所需寥寥，可棄者眾。要捨棄的不只物件，還可包括成見、陋習，乃至於關係。以新眼觀物，勿被舊識所蔽。

在 1907 年海綿潛水員於馬赫迪耶海岸發現希臘船隻殘骸，上有公元前四至一世紀的珍貴文物，圖中瓶上雕塑，半因海水而殘，半則完好保存，宛若隱含「由榮轉枯」之哲理。攝於 2024 年 1 月 9 日，突尼西亞 Bardo 博物館。

節約中的逍遙

興趣大體分兩類，持久或短暫。短暫的興趣，如追求新款電玩、汽車、名錶、時尚，需要持久輸入，所費不貲。另一類興趣屬長久，無激情，耗資不多，卻是細水長流，諸如閱讀、寫字、冥想、運動、遠足。

旅行既屬持久樸實，亦可是短暫奢華，一切視乎行者心態。有人視旅遊為飲食玩樂豳醒屙之事，食必上品，居必華室，日求新奇刺激。並非說奢華旅遊不可，然其樂甚短，花錢亦費神。猶如食自助餐，偶一為之尚可，日食則覺反胃。

另一旅行態度，揹個小背囊，隨意行走，自由漫步，與人閒談，學習語言，取新知引領思維，拓闊視野。疲則尋找旅館，但求一榻以息，雖喜有獨立空間，卻不花費高級酒店。非吝嗇，也非不敢花費，只因重視住宿條件，但求整潔、衛生、安靜，有書寫空間，廉價旅館已能滿足，誰又稀罕豪華裝潢設施？廉價旅社更貼地兼各有特色，高級酒店則大同小異。

飲食固有喜好，實無特定要求，好壞也是一餐，大不了甚至斷食，間中有暖湯一碗已覺心滿意足。或以為遠遊者必有無盡財源，但真正愛旅行者，花費實不多，只求以有限資源，活得自在。

舊相識以閒談較高下，比拼成就財富，聽來非單不羨，反覺可笑可悲。培養廉價但持久之興趣，抱持特立獨行心態，生活總能輕安，自得其樂，此感無人能奪。

不與人攀比，不比則不貪，不貪則不賣靈魂，不賣道德，不賣節操，不賣骨氣，故能逍遙，忠於自我。

比利時根特市 Citadelpark 的薩卡拉銅像，此人故事與文章內容關係不大，但我喜歡構圖，攝於 2024 年 1 月 31 日。

床鋪整理

無論居家、旅行，或山中徒步，我都有個微小習慣。本以為此習慣無甚特別可寫，但間中與友同房，常被問起，或亦值得記下。

此微小習慣，就是摺被。即使住酒店，我也習慣晨起後摺被及整理床鋪。若不擾人，則會大力抖擻被鋪。同房朋友常問，既有職員打掃房間，何須自行摺被？

先明言，所謂摺被，並非要求起角，往往僅把床單對摺，耗時不過六十秒，從不以此為浪費光陰。當然人各有志，若覺此舉毫無意義，確無絕對是非黑白。不過若認為一分鐘為浪費時間，或自認為家務繁重，無暇為瑣事費時，大概根本不諳時間管理，因善於管理時間者，不至一分鐘亦抽不出來。

整理床鋪猶如儀式，於生活中小行為賦予意義。在旅行中保持日常規律，使床鋪整潔有序，感覺更能掌控例行庶務。即使世間紛亂無序，又或身處陌生環境，至少我仍能掌控整理床鋪此等小事。

不論身處何地，我總遵循一套自訂的晨間常規（morning routine），首要任務即為收拾床鋪。視摺被為啟動提示，引發一連串習慣動作，當中包括冥想、閱讀及寫作。

有時實在急迫，亦不介意粗枝大葉，草率行事，敷衍應對。例如冥想僅觀一息，寫作僅書一字。表面似行禮如儀，但好過全然躺平。若然全然拋棄，久則遺忘。

摺被並非大成就，然其如觸發點，形成連環效應。於微小處建立儀式，即為美好之始。

斯里蘭卡阿㝹羅陀城（Anurādhapura），攝於 2017 年 2 月 26 日。

多人間床位

旅行之初，常住多人間，以價錢考慮為主。資匱志遠，錢財不多，想去長途旅行，最易省下開支，當為住宿。旅宿不過一夜，花費過多亦覺不值。而且旅館不止省錢，還吸引志趣相投的人。回想旅行往事，途中難忘好友，不少均識於旅館。

跑往外地旅遊，當然要認識當地人，他們能開拓地方認知，介紹文化風俗，但礙於日常事務，往往難以結伴同遊。正如外地友人來香港探望，最多也只能抽一兩天相陪。然遇異鄉或同鄉旅客，共探墳地，或結伴包車，或共進晚餐，趣味無窮。不少於旅館相識友好，交情至今不絕。

旅館較酒店易結緣，非止因共同空間多，大概與客人態度有關。在酒店大堂隨意與人攀談，頗感突兀，但在旅館噓寒問暖，互換情報，理所當然。據我以往旅行經驗，旅館客更願與人交流，早餐變成早餐會，晾衣處變成交流場，均感自然。

隨著年齡增長，對金錢概念有變，我獨遊時仍計較住宿開支，不願花費無謂錢財。間中與友同遊，可住較好酒店，然而自己一人，只求簡樸衛生，能睡好覺便可，酒店裝潢設施大多與我無干。觀乎所遊國家情況，若物價不高，住房間亦可，然而若覺不值，寧願選擇床位。

近年有次到達西歐某國，抵步頗晚，見房間要價過百歐元，床位才二十多，毫不猶豫就住進床位，不以為屈就，始終早已習慣多人間格局。住宿花費不多，仍覺舒適快樂。節約不止省錢，更是花費態度。

也許唯一分別，是以往會尋找最廉價床位，以節省開支為主要目的；今則更在乎評價好壞，間中寧願多花少許金錢，算是簡單升級，所求不多，即使只是快餐薯條加大，已夠我滿足。

巴基斯坦旅遊時，遇上馬球錦標賽（polo festival），在旅館遇到幾名日本旅客，先是同遊數天，後在 Karimabad 重遇，同住一個多月，照片攝於 2002 年 7 月 7 日，Shandur 山口。

幸非同尺度

多年前去阿富汗旅行，於首都喀布爾遇到數名中國商人，相約吃飯，席間不知從何說起，眾人各自分享與酒店價錢相關的小故事。其中一人說，在中國某城遍尋平價酒店不果，找到一間，索價過千，講價到八百，照住；另一個接著道，在中國某市找旅店，開價千五，還價變一千，照樣住；第三人同樣尋覓旅館不易，講價後不情願住下，價錢一個比一個貴。

乍聽之下，我以為其分享有關酒店價格的風趣事，便順著幾乎相同的情節，認真而興奮地說，有次我去江西婺源旅行，只有郵政賓館的多人房，要十元一個床位，我嫌貴，講價後職員說五元有成交，我高興地住下。眾人聽罷，一時接不上口，無言以對，眾皆沉默，我成了對話終結者，不知如何反應，那夜沉寂至今難忘。

當時我純粹認為經歷與眾人話題關連，橋段相仿，皆是尋覓住宿，因價錢不合而討價還價，最後都住下來。然而，我為甚麼會成為話題終結者？

在語言學領域中，有所謂「語用推理」（pragmatic inference），即何以理解其弦外之音，涉及溝通者之間共識。事後我曾跟人分享此故事，友人笑說千元酒店有何值得炫耀之處，然此非重點，因那幾名商人輪流對比價格，正因按照其溝通共識，認為值得炫耀，是以可以炫耀。如此共識，自然建基於其文化背景、社會規範、人生經歷等。

也許是我社交有點「Awkward」，所以無法意會，但更大可能是各自取態及心思殊異，實在難以領略其中含意，還不小心違反了社交共識，反其道而行。別人炫富，我卻「炫貧」，嚴重打亂那夜吹噓節奏。若非當晚中斷過於突兀，我幾乎不察其中有異。

不過憶起此事，慶幸當初未明其意，起碼表示我們不是活在同一價值觀。單以金錢度量成敗得失，屬最膚淺的尺度。若然一切只懂以財富攀比，絕非我想要的人生觀。

阿富汗巴米揚大佛，攝於 2002 年 11 月。

慶幸無牛可失

間中就會聽到有朋友說，想放下手頭事務，去個長途旅行，或在外地旅居年月，計劃十年未果。最初還以為須籌劃資源，聽之再三，方明白非資源所限，而是心態所致。

有朋友讀書成績超卓，大學選修高薪厚祿學科，畢業後薪金遠勝同儕，人皆羨慕。工作雖感樂趣，多年後也異想天開，或想遠遊，或想開手工小店，但現職薪金過高，離職犧牲太大，望之畏步，躊躇不前。

另一相識在聚會閒話無聊，忽說羨慕他人去遠遊，旋即質疑錢從

突尼西亞人總說該國椰棗是世一，不少餐廳飯後甜品直接上椰棗，方便快捷，攝於 Soukra，2024 年 1 月 14 日。

何來。不過其家境豐裕有父蔭，成年首駕已是平治車，同場有人財不及他卻早已實現遠遊夢想，他卻只懂問錢從何來，大概就是「財富限制了他的想像」。

想起一行禪師說過故事[1]，佛陀與僧眾坐林中，餐後開示，一農夫急行經過問佛陀：「尊者見到我的牛嗎？」佛問其牛何狀，農夫答：「六頭牛今日全逃跑，芝麻田又被蟲蝕，我失去一切，不想活了！」佛陀答沒見其牛，勸他到別處尋找。農夫去後，佛告眾僧：「你們多麼幸運，無牛可失。」

如實面對，遊歷固需資源，或時間或金錢，所謂「窮遊」多仰賴他人慷慨。然而何為資源足夠，主觀自定。得金不及富商巨賈，滿足感尤可勝之。不以匱乏為苦，不以過盛為難。不必腰纏萬貫，只須尋得黃金中道，我更喜歡英語所謂的 sweet spot，得之即甜。

1 此故示出自一行禪師在 2006 年 7 月 28 日於梅村的開示。完整版可看：https://thichnhathanhfoundation.org/blog/2020/1/17/releasing-our-cows

知價而不知其值

曾於莫斯科機場轉機，機上遇一旅客，談起俄羅斯，一切皆不動心，唯談及克里姆林宮金飾裝潢卻眉飛色舞，稱從未見過那麼多黃金，於他而言算是全俄唯一過人之處。言談間除了黃金還是黃金，話題乏味無趣，被迫聽了數分鐘（也許更短，但感覺很長），趕忙說要看書。

曾多次參觀西藏布達拉宮，常見有導遊解說歷史、建築，遊人興致索然，直至言及金銀珠寶，客皆驚異。五世達賴靈塔含金 3721 公斤，九眼天珠價值過億，眾遊客疑幻似真，聽得津津有味，如同參觀布達拉宮最高潮。

又像品鑒紅酒，不談論顏色、香氣、產地、時份、口感、餘韻，只需說紅酒價錢，這瓶三千，那瓶半萬，酒價高必然酒質好。至於其佳處，一則無關輕重，二則無暇深究。

偶遇旅客把行程當作攝影器材展覽，帶上貴價重裝備，拍攝成果卻平淡無奇，問其器材有何過人之處，竟只答鏡頭過萬元，言止於此。對話空洞如同嚼蠟，枯燥無味。

讀者勿誤解筆者之言，並非避談價格，更非故作清高。然而把價格當成唯一值得談論之事，反覆只談價錢，視之為單一標準，只知價格（price），不知價值（value），忽視內涵，委實乏味。也許此等審視標準並不新鮮，王爾德在 1890 年出版的《道林格雷的畫像》有句名言，正是：「Nowadays people know the price of everything and the value of nothing.」（今人知物之價，而不識其值。）

猶如有人從境外遊歸，說來說去就是「一家大細玩足一天都是 XXX 元」、「按摩連火鍋加起來都是 YYY 元」、「一日遊僅需 ZZZ 元」，始於價差，止於價差，把價格比對當作唯一鑑賞準則。

或物各從其類，或人各依其群，若有人滿足於價格比對，由他高興就好。只是慶幸自己身邊相熟朋友之間，判斷的標準，往往不止於此。

布達拉宮，傍晚，攝於 2013 年 8 月 16 日。

比金錢更有價值

在坦桑尼亞旅行，遇三名日本旅客，同到印度餐館，老闆甚為客氣，味道甚佳，價錢合理，未因外國人而多收錢。離餐館後，日本旅客告知，之前多次光顧餐廳，有日遇新店員，見是外國人便索取高價。日本旅客為此當天多次往返旅館，終見老闆，向其投訴。日本人甚為禮貌，向我發牢騷而略帶歉意，然我還是喜歡他們堅持，亦坐享其勞。正因其堅持，至少對我們就不再胡亂收費。

印度同樣遇過類似情形，同是日本旅客。與室友智春同往恆河旁商店購買日用品，老闆多收兩盧比。智春堅持老闆不能多收，老闆不讓，我們便要離去。當年兩印度盧比約合三毫子港幣，然智春不願受不公待遇，最終老闆叫回我們，果然少收兩盧比。智春說此乃公平原則，而非價錢問題。

當然，有些差別價格未必無理，如有學校或景點，因學生或遊人國籍不同而收費各異，或因經費來自稅收，理應補貼國民。或於發展中國家學校，外國人學費較當地人貴十倍，差額公開透明，無所隱瞞。同可理解，萬一所有國籍按當地價格公平收費，機構未必有足夠經費運營；按外國人價格公平收費，當地學生未必能支付入學。

商家的差別收費，往往純粹因為老闆貪錢，常有欺瞞之嫌。或說僅二盧比，多付無妨。或說當地收入與日本有異，富國國民應包容多收費現象。然而日本室友在其他事情對當地人大方慷慨，不計花錢，不願多付兩盧比，非單純金錢計較，在他眼中，有事情較兩盧比更具價值。

想起「最後通牒遊戲」，為經濟學及心理學實驗，用於研究公平感及理性行為之關係。遊戲分兩名參與者：倡議人及應允人。倡議人得一筆錢，由他決定如何與應允人分享。例如自己得七元，應允人得三元，應允人可接受或拒絕。若接受，錢按提議分配；若拒絕，雙方皆不得錢。實驗結果顯示，應允人常拒絕過於不公的提議，即便接受不公平分配仍可得一元，但寧願拒絕，一拍兩散。

人類更重視公平，而非只經濟利益。實驗亦正好說明何故因二盧比而拒絕交易，何故花數小時候老闆以投訴收費亂象。同理亦解釋當年南非黑人為反對種族隔離制度，願以罷工抗議，縱使行動損害自身利益，在所不惜。因為於南非黑人眼中，世間有價值遠超經濟公平信念深植於心，價值不只在於金錢本身。若人類不應只淪為經濟動物，視一切金錢得失為至高標準，否則嗟來之食，難道欣然食之？

印度恆河黃昏，攝於 2011 年 12 月 21 日。

四、隨興的快樂計劃不來

此等微細喜愛之物，皆不欣狂，既無激昂，亦無興奮，卻覺心中微暖，浮游於一種狀態，一種「此時此刻過得不錯」的狀態。

微風拂體般的快樂

越是旅行，行程越見簡單。往往只定個大方向，細節全不理會，漫無目的，隨心所至。早前去了尼泊爾加德滿都，才知多年前認識的西藏朋友遷居該國，受邀同住。朋友住宅位於首都中部，日間獨自散步於市，或東或南或西或北，日落後乘車返回，與友分享所見所聞。

行程幾近無籌劃，沒明確景點，倒非審美疲勞，而是漸漸明白旅遊其一目的是積累快樂，而快樂多源於微小之處。漫步大街小巷，以眼耳鼻舌身意去感受世間萬象。偶爾拍照，與人閒聊。在突尼西亞，他問我為何不坐下喝咖啡，一秒前還是陌生人，一秒後就由非洲談到亞洲，無所不談，趁機唱好香港故事。得知他是二千年元旦零時零分出生的千禧 BB 學生，趁著如廁之機想替他付咖啡錢，沒想到他已先替我付賬。

旅行時最大的快樂，不因看到澎湃的自然奇觀，而是流於日常，閒逛書店，或坐咖啡館讀書，或沉思寫作，或與人噓寒問暖。甚至只是抽離現場，遙通電話與知己談論世間話題，從語理學談至人工智能，皆感其樂莫名。持久之樂絕非浮誇，更像微風吹拂皮毛，輕描卻真切，幾近心喜身樂之輕安。

或問，既不拘泥場地，何不乾脆安在家中，還有旅行必要？記得疫情肆虐，人禍天災封關數載，間中有朋友說旅行癮大，心癢難耐，還問我以前愛去旅行，封城困港，何以自處？實情是留在家園也不錯，趁著那段時間，多發掘本土事物，共聚圍爐四方，理解我城格局，又或自省內修，完成碩士課程，學點新知，從不因無法旅行而憾，總有自得其樂之法。

當旅行復變可能，我重新啟程出發，然而心裡自明，旅行只是轉換環境的催化劑，迎來感知刺激，啟發思維。真正的快樂植根於內，外部如何變遷，心自主宰，處之泰然。

葡萄牙法魯市，阿方索三世像，攝於 2024 年 1 月 21 日。

沒有計劃是最好的計劃

昔日經常收到電郵，有人問我西藏的旅遊之計。香港人似乎有一個特點，很喜歡用 Excel 來計劃行程，不是說所有香港人也會用 Excel 計劃行程，但每次用 Excel 發給我行程的人，總是香港人。行程寫得鉅細靡遺，例如早上 9 時去布達拉宮，11 時去大昭寺，甚至見過有人寫下午 2 時去風轉咖啡館（即我從 2007 年至 2019 年在拉薩經營的咖啡館）。

行程都有共通問題，就是完全在未踏足目的地前便早早計劃，結果變數太多，例如來到拉薩才發現根本不能隨便進入布達拉宮，要提前預約，但預約人龍超長，還要炒黃牛。最大問題是有人發現行程設計有誤，還墨守成規，想方設法企圖儘量按原定行程成事，變得諸事不順，甚至在多年以後還耿耿於懷自己曾經錯過甚麼。

我並非全盤否定計劃之必要，人總要有個方向，打個比方，像買火車票指明目的地，方向先定下來，但在火車上做甚麼，大可隨遇而安，隨機應變。在自己獨遊之時，我往往只訂首個地點的住宿，行程全沒計劃，到埗後再作打算。

有些人會說：「如果我像你時間鬆動，也想如此任性呀！」原來對方擔心自己旅行時間太短，若不預先計劃便會錯過甚麼重要景點。然而仔細想一下，錯過景點又如何？我不是不會錯過景點，而是我根本不介意錯過景點。

旅行就是享受未知，在異地取得不同經驗，路上所遇的一切人和事，總能豐富自己行程，即使遇上不順之事，若能合情理地調節心態，把其視為經驗的組成部份，一切也變得富含意義。過早仔細安排的行程，與其說是計劃，其實只是一味靠猜。單憑猜測去判定方向，一子錯滿盤皆落索。

每次獨行遠方，偶有朋友好奇計劃，我總懶得回答。出行前我更喜歡花時間細閱當地文化歷史，又或先學簡單語言，然而詳細之計，數日之行，猶未可知，我也樂見於此。就算一早訂好來回機票，若遇某人某事，也會毫不猶豫改動，謀劃非累贅，不應成負擔。

若有十足功夫，兩成用於計劃，八分用作訓練應對，方為上策。

攝於突尼西亞，前往 Tatouine 的車上。

錯過景點又如何

最初去旅行，大概會因錯過一些著名的必遊景點而失落，然後好像為了平衡這種失落，不知是自己想出還是受他人啟發，漸漸相信所謂錯過景點，是為行程留下一點「遺憾」。

然而為甚麼要為行程留下一點遺憾？原來是要「讓自己找到回來的理由」，最初認為甚有道理，就像「離開是為了回來」一樣滿有啟發，如今卻覺得文藝得陳腔濫調了，說出來都有點打冷顫。

把錯過景點說成是遺憾，其弊端是先把景點定性為必遊，才會因錯過而失落。然而何謂必遊？不少「必遊景點」，甚至與當地人的認知相距甚遠，令人摸不著頭腦。以前有位馬來西亞朋友就問我在香港有否去過某某園喝港式奶茶，甚至說：「沒有去某某園喝奶茶，等於沒來香港。」按此定義，我這個地道香港人，豈不等如沒來過香港？（但後來我也真的去他推介的茶記喝奶茶，味道算好，但對香港人來說絕不罕見。）

網上隨便一搜，總有所謂「必吃」推介，在拉薩時見過有「藏式火鍋」店，自吹自擂在招牌上打廣告寫不吃等如沒來西藏，但我的藏人朋友說他在拉薩出生成長，成年後才第一次吃到藏式火鍋。即使不談吃喝，有些旅客會因為買不到票進入布達拉宮而覺可惜，但其實不少藏人朋友多年以來都沒有進入布達拉宮，繞著布達拉宮轉經道而行才是朝聖重點。

旅行本身就是經驗積累，所見之事，所遇之人，皆成為獨特行程。

抱持此念，視每一相遇為萬中無一的體驗，則無因錯過而煩憂。再上一個層次，將「錯失」視作旅途之必然甚至獎賞，心情自然坦蕩。

我不以錯過景點為憾，人生中實無所憾，寧將每個旅程都視作最後，珍惜值得珍惜之緣分，棄所當棄之事。世界廣闊，時間匆匆，罕有因補遺憾而復遊故土之必要。倘若日後再訪舊地，相見之時，我寧願只是回憶往昔美好日子，而非悔恨錯失時光。

突尼西亞撒哈拉，2024 年元旦凌晨。

疑惑比失敗更可怕

有人籌謀行程，往往以未知恐懼為軸，過度憂心，未行已放棄。常遇人談西藏之遊，所言皆為高原反應；又有問印度之旅，所問者皆與強姦新聞相關。

計劃固不可少，若毫無準備，穿夏衣登雪嶺，或外遊不買保險，出事後徒添煩惱。然而計劃行程，最忌過度推敲未知，過猶不及，恐懼不測，遠超實際。

當初跟人說起打算去西藏開店，眾多所問，多是負面否定。有無黑社會，有否貪污枱底交易等。想來想去儘是開店之難。然當初友人

尼泊爾安納布爾納大本營附近茶館，外望風景雲霄壯觀，攝於 2023 年11 月 2 日。

疑惑，全未發生。反在經營屆年，遇正西藏「三一四事件」，局勢驟緊，迄今未平。而後手續頻新，如香港人最初跟居民委會員登記，後來國安通知手續出錯，須如外國公民般於外事辦公室登記，來回六七次未能辦成。種種混亂，難以名狀。

遭遇波折，只能逐一處理，略覺煩心，亦不以為難關。開始時隨意而行，終結時隨心而止。當初預見之擔憂尚未發生，發生之困局當初未能預視，提前過度分析，恐終無法成行。計多則生疑，疑多則棄夢。人所畏者，常非失敗，而是疑慮。

筆者絕非抗拒籌謀，但欲避免過度盤算。即使有計劃必要，亦避其成為憂慮之源。樂於過程，即不以難測為憂。如同市中漫步，行步即目的，樂於浪蕩，故不愁寶山空回。樂在其中，過程即意義，故不介意徒勞無功。

四、隨興的快樂計劃不來

享受等待時光

坐飛機旅行，我總喜歡提前很多時間到達機場，甚至早五、六小時，非怕錯過飛機，而是覺得這樣的時間分配更合己意。諾貝爾經濟學獎得主喬治．斯蒂格勒（George Stigler）曾言：「如果你從沒錯過飛機，那代表你在機場呆了太多時間。」有數學家甚至仔細計算提前多久到機場才符最大效益[1]，計算隱含一個意思，即視機場等待的時間為煎熬。

然而我還是會提前甚早到機場，歸根究底，因我並不覺得在機場是浪費光陰。有人會在出發前才收拾行李，但我的細軟早就準備就緒。有人在出發前要完成家務，但不少家務似乎也沒必要趕著完成。甚至認識一些人，純粹拖延症發作，遲遲不到機場，最終錯過航班，然後怪罪塞車。與其如此，寧願早點到機場，勝於匆匆趕飛，增大變數，換來焦慮與不安。

當然，此文並非「鬥慘、鬥忙」的辯論遊戲，若有人訴其處境困難，工作繁重，家事纏身，下略千字，因不得已而起飛前兩小時才完成事務並趕往機場，我亦有憐理之心。只是此文並非針對事務困身的人，而是討論自身情況，讀者中應有不少人與我相近。

至於機場逗留時間長短，是否浪費，雖有客觀因素，大體還是主觀洞察。提前到達機場，以餘暇閱讀、寫作、沉思，非必浪費時光。說起來，我有一本書，正是在機場等候期間完成審稿。

孤獨乃旅途必不可缺，故好遠遊者，其修養之一，正是樂享獨處。

若把起機前的時刻視為折磨，倒不如改變對佇候的看法。客觀境況變化不定，獨處則由心而發，無論身處何地，自主為重，方能行遠。

---

1 見 Jordan Ellenberg《How Not to Be Wrong》第 12 章，作者為數學家 Jordan Ellenberg，其文嘗用「效用單位」（utils）量化時日與風險成本，以定最佳的行動策略。不過此法有所未盡，因其把機場等待的時間當成是徒勞無功的消耗，忽略了機場亦可為個人提升「效用」。

法國巴黎 Beauvais 機場，攝於 2024 年 1 月 19 日黎明時分。

猶記當初感動

首次進藏，幾經波折才到拉薩，抵步時感動莫名，回想起來，往後與藏地結緣，亦能與當初感動關聯。首次進西藏為 2001 年，時港人尚需入藏紙，理論要跟團才能申請。那年流行非正式旅行大巴，可以非正規方式接載外國遊客進藏，價格高於旅巴，卻又比參團便宜。

事前勾結日本友人眾多，通風報訊，與我分享其入藏經歷。先從中國東部上海坐火車到安多格爾木，抵埗後依朋友所述尋找黑車，卻遍尋不獲。後來得知有中國中央高官到訪，安檢驟嚴，司機亦不敢擅自帶人。

奔波兩日，終於尋得黑巴願意接載，然而車費較預計高出一倍，還是遠較參團便宜。司機先叫來的士，送我到首個安檢後的加油站等待，稍後再開巴士與我會合。我在油站以為不過一小時，一等卻是七倍時間。原來旅巴破爛不堪，連中國安保人員亦拒絕其通過。司機被勒令要求回城換車，當年未有手機，無法及時通知我最新情況，我在路邊油站一等就是七小時。

待車有兩途，一是事先聲明，等待者可趁機讀書寫作休息；另一等待則是無了期，時刻站在路旁，每迎一車均探頭張望。連續等待七小時，積累七小時焦慮與不安。終於等到車來，卻已精疲力竭。上車亦苦，過安檢時，司機叫我匿藏於下鋪床底，以避安保人員耳目。地有痰污，令人作嘔，大概只有年輕時，方能忍此以省旅費。

將抵拉薩之際，眾乘客歡呼鼓掌。或因旅途顛簸，至拉薩德吉東路（Dekyi Shar Lam），下車回首望向聖城，暮光映射眼簾，夕照布達拉宮，感動欲哭，心中高呼：「終於到拉薩！」甚至想仿效教宗親吻土地。

或因進藏旅途不易，廿載後記憶猶新，此後與藏地藏人聯繫，正由到埗一刻感動瞬間開始。聽聞有旅客入藏後因高原反應，嚇得不敢再來，我卻從未受高原適應之苦，或因滯留海拔 2800 公尺的格爾木，不自覺已適應。

最後決定旅居西藏十多年，絕非單純因入藏顛簸，然而回想起來，若非旅途艱難，抵聖城時未必感動。世態難料，往事縱未如意，卻也成就今天之我。有此一念，面對逆境，頓覺坦然。

西藏拉薩布達拉宮，牆上掛著的唐卡，並非大時大節，而是拍攝電影《天脈傳奇》。電影本身很爛，聘來的外地工作人員態度亦非常霸道，照片攝於 2001 年 9 月 21 日。

從遮掩到坦誠

有人相識多年，始見我頭上有疤，驚問其由。實是少年時遇車禍，頭留疤長 12 公分。短髮時疤痕露出，待髮長覆蓋，才又剪短。

中學髮型受限較多，老師皆知我情況，稍作通融，從不干涉。然而預科時轉校，新校訓導主任亦為輔警，不滿我髮長及頸，我答因車禍留疤，輔警訓導主任一聽，莫明興奮說：「係咩？畀我睇下睇下睇下睇下！」語氣輕佻，旁觀他人痛苦猶如獵奇。年深日遠，恍然大悟。

少年時頗介意疤痕之事，故意留髮遮掩，亦叮囑理髮師勿剪後方頭髮。有好奇師傅問疤從何來，我答車禍，對方笑言以為是「劈友」。

此等玩笑隨年長而減，或怕真遇江湖人士？不過疤痕從頭頂一直到後腦，掩蓋亦不容易。

旅行之後，才漸明露疤無害，放開心懷。旅行以實用為主，髮短最易打理。路上無熟人，易於放下心鎖，明白只要自己不介意，便不必介意他人眼光。疤痕雖為身體特徵，卻未能定義我身。接受不完美，視之為經歷印記。有此醒悟，心亦坦然。

旅行非止探求世界，更是自省良機。人於故土，枷鎖難免，過於在意他人目光。然而遊走異地，視之為試練場，最宜行未行之事。如學習新語言，不怕重複尷尬；又或即興講座，不懼犯錯見笑；或探索各種性格，以不同姿態示人——嬉笑者嚴肅，謹慎者放逸，外向者內斂，害羞者多言，有如試穿新衣，看合己者誰。

人在江湖，難逃社會期許束縛，或根本只是自身投射。視旅行為測試平台，勇嘗各樣可能，找尋最合己意之生活方式。

從遮掩到坦誠，非朝夕之事，尤須自覺，莫受他人所迫。如此方能重塑認知，奪回定義生活之權，活出真誠自我。

阿富汗首都喀布爾，雙寶劍王清真寺（Shah-e-do Shamshera）附近的市集，攝於 2002 年 11 月 9 日。

平淡如水

友人遊藏，失望而返，本以為有神聖體悟，卻未如所願，茫茫然不知算是失落還是幻滅。我旅居西藏十二載，實則大多時刻，均無神聖體會，亦無激昂瞬間。

對我而言，西藏最美好的回憶，總覺平淡如水，卻恰如煙火縷縷，綿延不絕，久久不散。藏地記憶包括：桑香熏熏，酥油茶香，簡單一碗藏麵，氂牛骨熬湯，加入炒香辣椒油，苦辣參半，我放肆乱一大匙，混著湯喝。同事家人從農村來朝聖，帶來山南家鄉自製鮮濕奶渣，西藏才能品嚐到的美食。

從西藏看珠穆朗瑪峰北側，雨後珠峰愈顯峻美，攝於 2018 年 9 月 13 日。

每早與鄰友打招呼，奶奶手指向天以示敬意，見奇事總愛「啊哩」一聲，嘖嘖稱奇。與摯友大街小巷漫步，沿轉經道磕長頭，或舉杯共飲，無所不談。能見度無限遠的天空，藍天反照在湖面之上。冬季陰冷時，跑到對面太陽照耀街道，感受熾熱日光曬上肌膚，連外衣也覺溫暖。

此等微細喜愛之物，皆不欣狂，既無激昂，亦無興奮，卻覺心中微暖，浮游於一種狀態，一種「此時此刻過得不錯」的狀態。有如細水長流，與自然節奏般契合，來得平靜自足。人生雖有苦難，傷疤無法遮掩，還視之為前世修來的福，心懷謙卑，稱心滿意。

回到香港，間中見老相識炫富，既無羨，亦無悔。只覺生活隨心，掌有自主控制權。正因滿足於當下，即使過去陰晴不定，還是稱心如意，是以無憾；亦正因滿足於當下，即使將來風雨難測，仍會主觀認為是好安排。

四、隨興的快樂計劃不來

如何延長快樂，增加滿足？

朋友得知我日常背囊帶著護照，連去深水埗亦常伴身旁，問何解。緣由甚多，但「隨時著草」絕非其中之一。實情是我不分日常或旅行細軟，無論在地散步或海外旅遊，亦使用相同背囊。除卻護照，還有梳洗包、濾水器、拖鞋、底褲等。一來檢視負重及行裝是否合適，二來時刻帶著旅遊期盼心情，寫意暢快。不過有次到西九法院聽審，守衛森嚴，要過 X 光，保安特別抽查我袋，不知是否驚訝有人攜同底褲去聽審。

旅程之樂，不僅在行程，更包括事前準備。舉例如將赴古巴，不如提前半年準備，收拾行裝、學習外語、閱讀歷史、思考行程。前奏延長歡愉，本來只有十天行程，換來超過半載快樂。

情況猶如贈送手機給摯愛，與其立即購買最新型號，不如承諾送下一代款式，經數月等待、迎來開售、搶購，直至最終獲得。花費相若，喜悅時間卻大幅延長。

又如，朋友因反修例事件入獄，煎熬經年，終得自由。幾位友好商量接放監安排，正因明白期待之要，是以不玩驚喜遊戲，而是提前一月預告，並在探監時隔著玻璃，清楚向獄中朋友交代當天安排，包括攜其愛犬一同迎接。朋友說，牆內最後一個月，於洗衣期數摺衫時，每天像魂遊太虛，預想釋放當日場景，情不自禁，嘴角上揚。

正因有期盼，快樂更持久。期盼未必涉及實際行動，微笑應對已足。期盼絕非心理安慰劑，卻足以刺激分泌多巴胺，延長快樂，增加滿足。

記得另一位曾入獄的健身教練好友，提到有囚友愛讀食譜，其一原因，正是期盼出獄後開餐館。牆內無啖好食，但設計食譜，想像餐單，過程已夠快樂。即使出獄後夢想未達，卻不徒勞無功，因為曾擁有之樂無人能奪。而且你永遠不知道，也許十年、廿年、卅年後，開店夢想，終得成真。

古巴渡假聖地巴拉德羅的海岸線，攝於 2015 年 3 月 15 日。

從下降螺旋，吐納自信昂揚之氣

曾於西藏旅居多年，常有人問我高原反應之事，事涉醫療，當然戴好頭盔，人之體質各異，有事最好看醫生，又或到衛生署的旅遊健康中心查詢。自己算是幸運，當初入藏均走極為緩慢的路徑，對高原氣候有充足調節，及後多年也未曾有明顯反應。

高原病的主因就是缺氧，調節呼吸是重中之重，然而不少人卻因缺氧導致呼吸既急且淺，節奏紊亂，呼吸不足，加深缺氧，引致更差的缺氧，變成惡性循環，如下降螺旋，情況只有惡化再惡化。

有些人難受過後，自然能走出來；但有些人則是不斷惡化，甚至還沒有完成適應過程，便匆匆打退堂鼓坐飛機離開西藏，以後對高原充滿恐懼，見過鬼怕黑。這種恐懼甚至會影響他人，以前舉行過不少西藏旅遊講座，總會遇到參加者跟我說一直不敢前往西藏，原因只是「因為他的姐夫個表弟個同學個伴侶曾經到訪西藏而有高原反應，嚇得身邊眾人都不敢再去」（或類似的原因）。

有關高原反應的用藥情況，衛生署旅遊服務中心建議服用 diamox，但在香港屬處方藥，部份人有過敏。服用 diamox 能減少人體內的液體積聚，有效減低高反徵狀。除用藥外，調整呼吸也是關鍵，無時無刻都能實行，因為就算你不調節呼吸，本身也要呼吸。人有高反時，自然反應是慌亂，呼吸變淺促而紊亂，縱然身體誠實地反映虛弱本質，內心卻可運用理性及意志，振作強大氣息，調整至正常水平。

呼吸要點：儘量使用鼻腔，忌用口部吸氣或呼氣；利用橫膈膜呼吸法，腹部擴張；把淺促的呼吸變深且慢，增加呼吸氣量，讓空氣填滿肺部[1]。

在後疫時代，坊間對血含氧儀不再陌生，單靠手指就能測出血含氧量，數據可視，調節更有把握。以前遇有個案，一班人來咖啡館，我給大家玩血氧計（疫前還是新奇工具），當中一直表示適應最差的人，血氧值居然最高，傲視同儕，全場不禁譁然。該旅客本來一面病容，得知數據最佳時，認真地說：「我睇到個數字後，而家好似唔再頭痛！」引得眾人大笑。他的不適並非假裝，但心態確實有助面對困局。其他人亦因調節呼吸後，親眼看到單靠深且慢的呼吸便能輕鬆把血氧量由 85% 推至 95%，信心立時大增，病徵自然減輕。

下降螺旋可怕之處，在於其帶來的無力感，無力助長無力，就像

西藏神山崗仁波齊轉經道，攝於 2017 年 11 月。

愚昧滋生無知，解決方法只能有意為之逆向而行。明明身體會因頽病而呼吸淺促，卻偏偏倒行逆施，把呼吸調節至深沉有力；若然躺平是高原病的正常反應，願諸君能抱擁特立獨行之心，吐納自信昂揚之氣。

1 類似的呼吸方法，自己曾多次驗證，但寫文章還是想引用相關研究。有關呼吸法有助高原的研究頗多，其中這篇研究緩慢深呼吸對血氧飽和度的效果。https://www.ncbi.nlm.nih.gov/pmc/articles/PMC3495772/

四、隨興的快樂計劃不來

找到頭上雲彩

從前曾在書上讀到，撒哈拉沙漠上空大氣穩定，缺乏對流，幾乎無雲無雨。來到撒哈拉才發現，原來沙漠上還是會有雲彩，襯托絢爛破曉，分外動人。

日出之時，我爬上沙丘，奔向無人之境，環看四周，只見自己足印。舉目四望，遠近幾乎相同。

然而我心不驚慌，因沙漠傳音，遠遠還能聽到朋友交談之聲，香港人笑聲響遍撒哈拉。眾人並非為誰留下，只是留下嬉戲，但我卻因他們散發的能量而找到方向，不致迷失。

願各位在 2024 年，莫論如何乾旱，都能找到頭上雲彩。

撒哈拉沙漠，突尼西亞，攝於 2024 年 1 月 1 日。

五、旅途識偽

習慣與麻木，表面相近而實質迥異。

習慣乃學習適應，麻木則屬遺忘常理，罔顧應有價值，視不公為常態。

無關歲月

曾與某旅行社商談業務，對方請來資深主管，自嘘熟知西藏。短談之間，已覺不妥，連拉薩基本地理亦不明白。提及布達拉宮對面藥王山觀景台，主管一聽「山」字，誤以為涉足登山，連聲反對。後知觀景台屬市中心，似不欲於下屬前失體面，反覆問遊客登「山」若有高反，如何召援呼救？救傷車幾分鐘到埗？猶如雞同鴨講。不禁問他如何熟悉西藏，原來只數年前進藏數次，卻自詡為「西藏通」。

亦記起某年乘火車自新疆烏魯木齊至中國首都北京，遇一自稱「新疆通」的中國天津商人，居新疆數載，於車中大談對維吾爾人及

西藏拉薩布達拉宮前方，藥王山觀景台在其西側（圖外），遊人競往該處取景，擠擁不堪，口角頻生。我拍下不少宮殿照片，於觀景台取景甚少。攝於 2019 年 5 月 18 日。

伊斯蘭教看法，終言多為虛構，甚至冒犯。如誤以為穆斯林不食豬肉是為尊重，混淆聖誕為開齋，視齋戒中破禁進食為文明指標，令人詫異，匪夷所思。

「讀萬卷書」與「行萬里路」，兩者相輔相成。吃喝無罪，然若出遊只顧玩樂，何能深入了解當地風土？讀書雖好，然若不放眼世界，何能明白箇中人情？欲識一方土地，始終在於行者本身特質——自發、專注、求知、勤學、開放、包容，缺一不可。

論遊歷次數或逗留時長，猶如履歷所載年份，或職銜前「資深」二字，或似戀人相識年期，與真實功夫或相互理解程度固無必然關係，甚至大相逕庭。間中聽聞「資深」人士之言，或無知自大，或肆意歪曲，其可厭之處，遠勝素人。

五、旅途識偽

真誠相待，更覺輕鬆

遊埃塞俄比亞北部提格里州阿克蘇姆城，投宿旅館。室似整潔，我卻疑其未換床單，質問職員，起初否認，待出示證據，對方心虛，最終更換。

過程經歷四階段：懷疑，求證，揭發，行動。詳述如下。

懷疑：何以入室即疑未換床單？因早晨至旅館，昨夜賓客剛去，室未整理，遂外出買物。一小時後歸來，見房間猶亂，前台召來清潔工，不消三分鐘已完成打掃，如此神速，疑竇頓生。

求證：心存疑團，入室查證，果見房間邋遢。僅用一法即能判定床單有否更換，辦法甚簡——檢視床單上有無十字摺痕。床單經洗摺疊，當有摺痕，若無摺痕，即覺可疑。

揭發：若對職員道出無十字摺痕而斷言床單未換，一來欠缺說服力，二來亦不欲傳授此法。我未明言其故，只說床上發現毛髮。職員先抵賴，追問下終心虛，砌詞推搪床單新洗未乾，未能更換云云。

行動：職員雖認疏忽，卻拒不替換，我轉告前台，經理跑到房間，親自換上全新床單枕套。換床單四步曲完成。

旅遊多國，偶遇地方條件不佳，未能日常更換，也非罕見，如在西藏轉山，尼泊爾徒步。然埃塞北部絕非荒地，不換床單，絕非條件所限。

職員若想偷懶不換床套，完美造假，實非難事。必先確保室中逗留時間足，至少十分鐘，太短易惹懷疑；其次須細察床鋪有無髮殘；為除床單皺紋，可輕噴水花，有助撫平；最後於合適位置摺十字痕。如此操作，定能瞞天過海。

然而與其費神造假，不如直接更換床單，豈不更為省事？重用床單易露馬腳，虛構多有瑕疵，造假消耗更巨。與其勞神捏造，不如真誠相待，更覺輕鬆。

非洲旅行常有人邀我拍照，我見他髮型，不禁問他是否看過《龍珠》，他拿出低清平板電腦搜尋，說回家要看漫畫。相中人名叫 Dawit Gebru，當年 21 歲，攝於阿克蘇姆城（Axum），埃塞俄比亞北部，日期 2019 年 2 月 19 日。

求財未遂，欲蓋彌彰

於古巴夏灣拿市中心，乘老舊的士去巴士站。上車前議價付錢，將至目的地時，司機忽說機件故障，下車檢查車尾，又請我幫忙托著尾廂蓋，司機返回前座尋找工具，回來只敲數下便說修好。

我觀其行，卻未見他修理何物。細想忽覺毛骨悚然，心跳加速，掌心冒汗。旅途中每遇此感，常覺不祥。古巴民風純樸，遊玩時戒心未嚴，背囊置於前座下方，錢包亦在其中。下意識檢視細軟，竟少了百多 CUC（CUC 乃「可兌換比索」，折合約 100 美元）。

晨早僅食過早餐，錢財不應有失，我盯視司機，覺他嫌疑大，但怕錯怪好人。司機見我眼神疑惑，以西班牙語問有何事，我乾脆用英語質問：「你偷我錢？」

司機聞言，不作辯駁，反而離開駕座，繞至我側，揭示衣服，展露褲袋，甚至翻開底褲，半露陰毛，內外俱示，無所匿藏，以顯清白。

於是，我更確信其為竊賊。

——

曾讀一書[1]，作者任職於美國中情局，提及維珍尼亞州有 CIA 訓練營，名為「農場」（The Farm），保安森嚴，藏國家機密。某日職員上報失金 40 美元，主管覺事態嚴重，營中若有竊小金者，安能守大國之密？

調查後得一嫌疑人，主管質問其失金之事，嫌疑人未即辯解，卻請主管到停車場，從車尾廂翻出《聖經》數疊，稱常助教堂派經，自謂虔誠教徒，忠實可靠云云。

明明查問失金之事，反引《聖經》以避。非說教徒必疑，但在關鍵時刻忽然突顯其信仰，似掩飾而愈顯可疑，欲蓋彌彰，更不可信。

主管逼問下，嫌疑人終認盜竊。

——

當天我問古巴司機有否偷錢，他不露惶恐，反自願受人搜身，甚至翻起底褲，半露陰毛，猶如陰謀乍現。我見他離開駕座，靈機一觸，至駕座搜尋片刻，果在車門內籠尋得鈔票，正是失款。

司機見事敗，連聲道歉，抵達目的地後還與我握手告別。我本當報警，但執行不易，遂只訓斥數語。雖有不快經歷，對古巴印象未減，

照片中人就是偷錢的古巴司機，攝於 2015 年 3 月 1 日。

無須處處防人，惟金錢與手機必隨身，不再輕率放於行囊。

屢見無恥鼠輩，動輒即談情操，藉此為擋箭牌，我必加以提防。防範之事豈止情操，更有把道德、民族、國家、大義常掛嘴邊，以掩其習。小人禍害，其防之難，勝於賊盜。

---

1 文中提及的書《Spy the Lie: Former CIA Officers Teach You How to Detect Deception》，St. Martin's Griffin 出版；中文版譯為《CIA 教你識人術：看穿對方意圖，洞察事實真相，做出不後悔的決定！》，麥田出版，作者 Philip Houston 等人曾在中情局任職。

五、旅途識偽

眾目睽睽下之沉默

某年遊張家界，位處中國中部湖南省，自火車站乘公車至市中購糧，下車之時，一中年禿頭男「不慎」用腳踏我鞋面，我欲拔足而不得，心中疑惑，何故如此費勁，遂拍其肩告之。對方「驚覺」，連聲道歉，甚至卑躬屈膝以手擦我鞋面，不絕口稱：「小師傅，太對不起！」

我說無妨，然對方堅持徒手擦鞋，初覺好笑，再三言無需如此，禿頭男子仍堅持替我擦鞋，終覺異樣，背上突生一度寒意。下意識摸褲袋，錢包已失，當下未及深思，急指旁邊另一人道：「你偷我錢包！」認定他與禿頭男乃同黨。該人心虛，立即離座，座上即見錢包。

旅途著重觀察，異常必有因，宜信直覺。直覺之奧，在於初起不察，及後方能細數其理。直覺實亦有科學支持，涉多巴胺及神經網等，每當預期不符，偏離常軌，多巴胺水平變化，激活大腦中之前扣帶皮質（ACC，anterior cingulate cortex），其負責檢測錯誤、分配注意、調節情緒等。ACC 之激活，遂釋放壓力荷爾蒙，引生理變化如表皮血管收縮，寒感由生[1]。

當時未及細察，對方何以不慎踏我鞋卻使足全勁？何以為小事連聲致歉？何以徒手拭鞋？然熟知其民風，多為老實不客氣，少有道歉，更少有為瑣事而連聲道歉，行徑遠異常規。大腦 ACC 或能測得此等偏差，引致連串激素變化，背上寒意頓生。

事後急取錢包，幸無所失，然最駭人者非盜賊，乃眾目睽睽下之沉默，眾乘客見盜賊所為，卻無人挺身而言以。或對該地民眾而言，此等公然盜竊，早已習以為常，司空見慣。

習慣與麻木，表面相近而實質迥異。習慣乃學習適應，麻木則屬遺忘常理，罔顧應有價值，視不公為常態。

生於亂世，責任其一，正是保持清醒，拒絕麻木。

---

1 我最初從記者 Jonah Lehrer 所著《How We Decide》讀到此解釋，然該書作者後被揭多有不實陳述，在其他書刊中甚至老作，出版商內部審核後決定把書下架，故難盡信其言。本文所述科學觀點，關於多巴胺對預測神經元的作用，可參考 Schultz, W. (1998). Predictive reward signal of dopamine neurons. Journal of neurophysiology；關於多巴胺與 ACC 中的 D1 受體結合，影響預期方式等論述，則可參考 Schweimer, J., & Hauber, W. (2006). Dopamine D1 receptors in the anterior cingulate cortex regulate effort-based decision making. Learning & memory (Cold Spring Harbor, N.Y.), 13(6), 777–782。

位於中國中部湖南省的張家界，攝於2001年4月20日。

原因就係我介意

某年遊韓國首爾，夜行地道，忽遇一白人男子，韓語對話，不明所以。只見其手執厚重帳簿，載眾多帳目，或記韓元數萬至數十萬。我請其以英語交流，男子自稱任職慈善機構，正籌募資金。我疑其有詐，直言不便施助，說罷便走。同行二友，連聲說幸好我在現場，否則不知所措，或要以錢財了事。

騙徒手法表面層出不窮，然萬變不離其宗，利用社群心態，或有附和傾向，或求他人好感，多不願得罪他人。此乃日常習性，即使面對可厭之人，亦難以打破。想起電影《搏擊會》（Fight Club）一句話：「我等以無有之財，追無需之物，以悅不喜之人。」（We buy things we don't need with money we don't have to impress people we don't like.）人為群居動物，無意間欲博取他人好感。若為所愛，尚可理解；若明知對方或有圖謀，何不果斷拒絕？

以白人男子為例，豈有募捐者夜間出動，手拿帳簿展示途人，還刻意露出捐款數字？既知有異，應當場拒絕，縱使稍顯唐突，寧願鼓起勇氣，直言說不。

記得有次在突尼西亞首都突尼斯，街上遇一陌生人，二話不說，忽然要求與我握手。突尼西亞民風純樸，陌生人攀談及交換聯絡，時有發生，我亦樂在其中。旅遊該國三星期，遇人無數，唯此人最唐突，直接伸手欲握，絕非常態。

我頓覺不妥，即偏離路線，點頭不握，越走越遠。他見被拒，怒問因由，我懶得解釋，更覺拒握為正確決定。及後觀察，該人似是兜搭生意，得手後緊握不放，手法牽強，雖非大奸大惡，但避之則吉。

基於社交禮節，見人遞手，總下意識伸手回應。我卻常自省自誡，世間紛亂，更應直面內心。若覺異樣，寧信直覺，果斷拒絕，無需多言，視「拒不解釋」為基本權利。

猶如他人問介意與否，言下之意，似隱含預期對方答不介意。然而若實有所介意，願我等能高聲拒絕，大聲說出：「原因就係我介意。」介意已是最佳理由，何用諸多解釋？

察看內心，捍衛自身空間，學習拒絕之法，實為人生要術。遊蹤異地，脫離原有規範，更應把握時機，視之為學習拒絕的最佳訓練場。

韓國首都首爾昌慶宮一帶的市場，賣香水的攤販，攝於 2010 年 3 月 31 日。

集體懲罰，成本最貴

有年乘搭四川航空回拉薩，座位毗鄰緊急通道旁邊，空少提醒勿觸碰機艙門的開關，我與友人皆說知道。過了一會，空少又回來，再次叮囑不要觸碰艙門，剛才不是已說了？我雖覺怪，還是應好。未幾，沒想到同一空少三度回來，千叮萬囑莫觸門掣：「真的不要打開呀！」我們不禁笑了，問是否有人打開過？他像得到理解兼解放，一匹布細訴以前遇過亂開艙門的客人，後來還跟我交換微信。

我上網搜相關新聞，果有人會因奇怪理由擅開艙門，然世道雖荒誕，類似情況還屬罕見，且氣壓差異開門本身也不易。飛行安全固然重要，有人或認為講多句無損大礙，然而對於這種萬中無一的事件，卻要三番四次花費唇舌及精力屢提乘客，似無必要，變相過度警示。

想起往事一樁，昔日曾在西藏經營咖啡館，某日下午歐洲情侶來店，只點飲品一份，一直插電使用 Wi-Fi。反正午時客稀，有多餘桌椅，任其久坐，一坐就是六七小時。晚上顧客越來越多，全店滿員，我從經營者角度去看，如他們不再點單，最好讓出桌子。我問他們要否再下單，回答說不需，並無離開之意。那實在不好意思，地方淺窄，我只好以「科學方法」不讓他們上網。情侶見他人能上網，唯獨他們斷線，也沒敢多問，過一會就自動離開。

那天以後，我覺得任由客人上網也非良策，乃在 Wi-Fi 密碼紙上加提示，「限時上網一小時」，非技術限制，只望顧客自律。數日後，一對日本旅客來訪，聊得甚歡。其中一人拿出電腦全神貫注上網，我也忙別事情，沒察覺時間流逝。忽見日本人倉卒收起電腦，似是夾硬中止上網過程。我始明白，原來他真的很自律地遵守限時上網的規定，地球一小時正是西藏 60 分鐘，所以他不多不少，剛好用足 60 分鐘上網時間。

我倒感抱歉，也非規矩原意，於是我就把上網時限改成三小時。倒是相安無事了，但各位讀到這裡，知有何問題嗎？根本很少人會呆坐三小時來上網，即使逗留時間較長的客人，看到晚上人多，也會自動自覺讓出座位，不用勞煩店主提醒。

我浪費時間制定無謂的規矩，花上無謂的成本打印告示，最終損合理之客。因一對不識趣的歐客，變相集體懲罰眾人，更可能損及咖啡館氣氛！最不智者，逢一難題即設一新規，猶如每遇不順就立即挖個墳墓立個墓碑，最終適得其反，成官僚之習。

五、旅途識偽

西藏上空，攝於 2018 年 5 月 5 日。

擴及公共政策亦有類似情況，美國政府曾錯誤向 1546 名死人發放共 3100 萬美元福利，聽來荒謬，但為何有此情況？因為消除這種荒謬浪費亦需成本，而 3100 萬美元僅佔美國全年福利支出的 0.004%，足顯其排錯工作已做得相當不俗。若然要消除最後 0.004% 的失誤，代價也許更高[1]。

之所以能做到零浪費，解決成本往往過大；絕對的斷捨離，總伴來無益消費；力求百分百去蕪存菁，耗資勢巨，社會必將付出更大代價。

---

1 美國向死人發放福利的故事引自 Ellenberg, Jordan. 《How Not to Be Wrong : The Power of Mathematical Thinking》 New York, New York: The Penguin Press, 2014. Chapter 12.

五、旅途識偽

遠離真相者

有年在巴基斯坦旅行，偶遇一名通曉英語的日本人，向我訴苦說，吉爾吉特（Gilgit）某旅館主人請其寫英文郵件，時間頗急，初以為僅朋友通訊，欣然答允。未料信件逾百，館主不單命其抄寫一式一樣的新年賀年卡內容，更要其上網尋找郵寄地址。收信人竟包括：英女王、美國總統、英國首相等經政要人。

日本旅客驚問館主是否認識他們，館主卻答：識與不識無妨，只想致函祝其節日快樂。問原因，答是「為了世界和平」。日本人讀過信件，除了問候，滿是諛詞，無非「仰望諸君」之類，何以促進和平？

聞之即覺荒唐，但日本人既已答應，只得勉力為之。旅館老闆見日人隨和，居然越發囂張，態度凌人，直把他視為下屬員工，幾近命令之態，而日本旅客實為付費住戶。

我看不過眼，為日本人代為出頭，坦白問老闆寫卡何用，館主見我語氣強硬，轉溫和言，重複為世界和平，卻支吾以對，我已猜到他計謀。

我曾在別地見過類似伎倆，深明其故。直指旅館老闆意在漁翁撒網，盼有名人回應，便可把回卡張貼旅館，炫耀與政要相熟。若真誠為和平，省下數萬盧比賀卡費及郵費，用在有用之地，豈不對世界更有貢獻？

老闆聞言，真相被揭，頓時面色一變。或許他真信寄卡有助和平，但此舉荒謬，無實效，更類形式，非真善行。後來館主每次見我，總示黑面，而我毫不介意，原因有三根本。

一來我根本不住該旅館，二來根本不怕得罪人，三來明白其故。有些人寧願沉溺幻想，遠離真相；而遠離真相者，必恨揭露真相的人。

巴基斯坦近山度爾（Shandur）一帶河流上的木橋，過橋時搖擺不定，站到橋更是膽顫心驚，攝於 2002 年 7 月初。

素食榜樣

昔日於西藏，曾遇四名外地遊客，三葷雜食，一專素餐，四人相約包車前赴阿里西北僻地。行程開始，肉食三人已覺不妥，原來素食者堅執，標準極嚴，為確保素食不加動物油，餐前必入廚房檢查，且要求店家肉、素分鍋。店家稱條件有限，他強入廚房洗鍋，還自鳴得意道：「不是很容易嗎？為甚麼做不了？」

他不禁止團友食肉，然每見葷，總說動物可憐，不忍食其屍體。素食者或真顧及生靈可貴，卻似漠視同伴感受。同行者其後告知，每餐也如煎熬。行程尾聲，素食者見惹眾人厭惡，力圖修補彼此關係，忽說當夜由同伴選擇餐廳，一切皆可。同伴向來和善，此時卻淡然回應：「沒關係，行程快完結了。」食素本欲積福，反種怨心。

戒律守持者，或因宗教，或當遊戲挑戰，更或只想減省選擇，簡約人生。若因自律而自負搶佔道德高地，或甚強套規範於人，終非善果，更易招尤。

曾有相識，好於傳教，道德教化只容於口，側重限制他人自由，然於言語行為愛心信心之間，枉己正人，反不見信徒榜樣。我聽甚厭，直問他終日傳教不倦，可有想過別人不信甚至反感其宗教，或關乎傳教者本人，對方一時語塞。

再談另一旅程的素食者，我視之為榜樣。有次與友共遊西藏，相議餐飲，預先問及所喜所忌，如避牛羊，忌辛辣等。偏好不同，遷就容易。數日後始知當中一人茹素多年，眾人皆驚訝，憂其食不飽足，問何故不早提醒？

她答道，每餐總有素食，涼熱皆備，眼前所及，飯菜已足，故不提早告知，免增他人煩擾。後在某地得嚐特色火鍋，我刻意訂下葷素二鍋，悉隨尊便。眾人雖偏好肉食，當天亦樂試素鍋。說得直白，正因喜素食者其人，故願嚐其習。

身教勝於言傳，古今同理。

西藏拉薩藥王山後的素廚房，曾幾何時是我和西藏作家茨仁唯色常到的餐廳，店內裝潢簡單，其特色素餃、香菇麵，配以辣椒，回味無窮。攝於 2018 年 7 月 16 日。

拉屎之道

若問手沾朱古力，選以紙巾或水清潔，何者更優？當是清水無疑，此理易懂。然而如廁後清潔身體的方式，分歧卻大。記得初到尼泊爾及印度旅行，驚見廁紙價昂，因當地人如廁後習慣用水洗肛，廁紙多為外國人買。雖說入鄉隨俗，但改變廁後清潔方式，非朝夕之事，當年亦有猶豫，需時心理調整。幸好旅客之間無所不談，眾人分享拉屎秘技，問明水桶用法，一試難忘。用水清洗，遠較用紙衛生，對嬌嫩處亦更溫柔。

以水淨肛方法多，最原始是用水桶倒水於左手，以水揉之。若廁設噴水裝置，視其力度，或直接用水，或需左手輔之。噴水裝置多見於中東、南亞、東南亞、地中海諸國。講究精緻生活者，甚至於家中設暖水噴槍，倍覺舒適。日本廁板智能複雜，噴水喉更簡便。洗滌後臀留水滴，自然風乾或紙巾印乾皆可，視乎濕度而定。

習慣以水潔淨後，即覺單以廁紙抹拭，肛上難免有殘留。當初在異國他鄉以水潔淨，主因其省錢、舒適及衛生，非熱心環保考量。然仔細深思，若日常以水清潔，紙巾用量大減，對地球亦是功德。紙張雖可分解，但製作過程耗水耗電，產生大量廢物，運輸亦耗碳。

猶記得疫症肆虐期間，我城經歷搶紙巾風波，甚至有盜賊行劫紙巾，荒謬至極。所謂活到百歲仍有新鮮事，誰料香港繁華之地，居然經歷紙巾短缺？若學懂以水清潔，紙巾需求或減，萬一紙荒再現，亦可從容應對，不至緊張便秘。

此文絕非建議改建香港公廁裝置，亦非否定紙巾用處，更非推動全民改變拉屎習慣。只想指出遊歷所得，莫過於吸納異地之長，化為己用。正因感受過他鄉風俗，即使環境有其局限，但改變個人日常，方知環保之道，不止單靠走塑。面對新知，擇優而從，拉屎亦能拉出道理。

尼泊爾 Mardi Himal 大本營，海拔 4500 公尺，即使冬季，山上水資源還是充足，去廁所衛生有保障，攝於 2018 年 1 月 24 日。

六、成見・偏見・洞見

善旅者皆善隱其光，適時方顯，因其內斂，
是以能進退有度，反能致遠。

帶著成見去旅行

有遊客到西藏，未嚐酥油茶，先說難受，問其原因，說是其他旅客或甚漢人導遊聲稱酥油味重，外人難習。亦聽過有人以為酥油即「騷」，或謂茶不能鹹。那時我帶人遊藏，總會先解釋何為酥油，並客觀描述眾旅客誤解及反應，再由團友自由選擇是否品嚐，十之有九均能接受，且大讚味香天然。

遊客帶著成見外遊，道聽塗說，取他人印象為己有，放棄真實體驗，此乃認知偏差，由偏見、流言、立場而出，未審先判，棄諸了解良機，直達結論。

細想即能明白認知偏差好處，為心理捷徑，省卻繁複驗證，方便得出結論。然旅行旨在破舊觀，增見識，若徒帶成見，何必浪費財力遠行？抑或只求吃喝玩樂？

成見亦局限自我，如有人因語言不通，不敢獨自遠遊，而筆者遇過不少日本旅人，年過半百，不識半句英語，卻獨遊多國。語言障礙當然會妨礙溝通，例如機場轉機，萬一遇上突發情況，確實較難處理，然而人與人之間尚有萬種非語言溝通方式，足以應付日常。

成見更局限眼界，記得有次聽藏人朋友提及在中國，少數民族權利不及漢人，如難以申請護照。現場有受黨國教育多年的人反問：「國家不是給你們很多補貼嗎？」論及補貼，單是錢從何來，實在千言萬語，足以成書。然而漢人此話滿有成見，藏人即不欲多談。

依筆者多年觀察，藏人與港人之間常有共鳴，或正因港人對藏所知甚少，無知故無成見，樂得虛心聆聽，故話題更坦誠。

旅行乃探究異文化，語言文化食俗等差別皆屬小節，不足掛齒，而最大障礙莫過於心中未證之成見。旅行之學，在於重塑認知，改變舊有框架，親歷其境，自行定義所知所感。捨棄成見，不等同盲從異域風俗，猶可持批判之心，然力求自我定義權，方能不失於他人所見。

藏人除以酥油入食，還有用酥油製作各式工藝，如酥油敬佛或作家中擺設，攝於西藏洛卡貢嘎，日期為 2012 年 11 月 13 日。

意見與事實之別

按藏地習俗，信眾選神山本命年而朝聖。當年我仍長居拉薩，奈何年中事繁忙，唯冬季得以遠行，故於羊年之末，始到西藏東南邊陲德欽卡瓦格博轉山。有居藏相識聞言，屢稱冬季轉山絕不可能，聲言大雪封山，猶自尋死路，談得像經驗之談。追問其何以得知冬季轉山危險，對方語塞，我頓時明白，所謂「不可能」，實屬一己臆測。

本來各有見地無妨，問題在於把意見當成事實，還以此勸阻他人行動。看似實在，卻毫無參考價值。正如問港島人有關元朗狀況，雖然同為香港人，亦可誤會元朗人騎牛上班。同理，居拉薩者，論千里外神山狀況，難免有誤。

似是而非的意見充斥天下，聽者自也有責任辨別真偽。大概由於過往旅遊經驗，早知此等見解不盡可靠。所以當年我出發前，先想請教剛轉山回來的香客，幾經轉折，經朋友介紹認識山中經營旅館的多吉卓瑪。致電相詢，卓瑪直言冬天朝聖者雖少，但每天皆遇，經道無阻，未有大雪封山之慮，僅叮囑勿抄小路，以免走失，依從大路，路標清晰可見。

那年我如願轉山，沿路均有住宿，飲食無憂，途中無不測，頗有體會。之前勸阻我冬季轉山的相識得知我平安歸來，連說我行程順利純屬「幸運」。不過冬季轉山絕非靠僥倖，更非冒險，而是細察意見與事實之別。

人言事不可為，當分清其為臆測抑或事實，不應把意見當成陳述。自己亦當警惕，他日應詢，除非有明確認知，否則切勿斷言臆測，阻他人志向，潑人冷水，誤人子弟。

在西藏東南邊陲德欽，卡瓦格博轉經道「加興崩」（rgyags zhing spang）一段，海拔 3398 公尺，遇到年邁朝聖者，攝於 2016 年 1 月 6 日。

以己度人，反限他人體驗

以前曾騎單車自泰國曼谷到西藏拉薩，及後屢有問者，詢踩車遊藏之事，我亦樂於網上分享經歷。一次在網上旅遊論壇，有人問到踩車遊藏建議，如實告知，不意惹來從沒騎乘經驗者批評，說我見人踩車遊藏而不阻止，反給意見鼓勵，是不負責任之舉。

批評者稱自己曾包車進藏，坐車時遇高原反應。他認為：坐車尚且如此，騎車將何以堪？其謬之處，在於以為乘車與騎車可相提並論。高原反應其一主因，正是進藏過於匆忙，未及適應。由四川包車入藏，連參觀只約五、六天，騎車則需月餘，而且逐漸走高，適應遠勝坐車。

凡事向人性好處去看，該人批評我分享騎車入藏建議為「不負責任」，雖然理據不足，但也算是懷有悲憫之情，關心他人安危。其欲勸止遊人騎車入藏，出於自身痛苦經歷。然以為一己所知，可施於眾，除自限對世界理解，更礙他人志向。

把話題扯遠，有朋友為在囚人士籌募書籍，使其猶有閱讀自由。熱心人捐出食譜，有人卻擔心被囚者無啖好食，看著美食照片更添憂傷。然而有曾受牢獄之災者立即指出，在獄中曾遇囚友因飲食單調，反想看美食照片，算畫餅充飢；又或籌劃重獲自由後開店經營，空想亦能獲心靈慰藉。而且入書不是強迫，是牆內人主動要求。無相關經歷者，即使出於好心，但助人時只基於自己觀點感受，而非站在對方立場上理解其需要，一切以己度人，反限他人體驗。

天下不少事物、教條、道理等，表面相同，實際迥異。猶跳崖百米，螞蟻投崖應無大礙，大象一躍而下則必死無疑。只要稍微更改規模、重量、速度、心態、場景，事物分崩離析，難以為鑑。

當年冬季騎車入西藏，此路段為松多至日多一段，海拔約為 4800 公尺，攝於 2006 年 11 月 8 日。

坦承無知，遠離偏見

曾遇美國夫婦，談其遊印度之事，被邀至新識家中作客，本來相安無事，丈夫只離開客廳片刻，印度屋主竟問美國妻子可否親熱，婦人大聲呵斥，主人遂連番道歉。屋主自言看荷里活電影，誤以為美國女子皆輕佻。

亦有日本友人告知類似故事，與外國人相處之際，對方有不軌企圖，質問方知受日本片色情片耳濡目染，以為此等交流對日本人屬可接受範圍。

昔日游中國，對方知我為香港人，常問「古惑仔」之事，以為香港遍地黑幫，皆因當年香港電影屢拍古惑仔題材，用黑社會唱好香港故事。如此種種，皆以電影觀感，創建外在世界之單一視角。

即使有所認知，亦只屬皮毛，同樣易成偏見。西藏朋友赴漢地讀書，常有漢民學生認為藏人騎犛牛上學，且拿大米相詢，問藏人曾否見過，此乃政府持續宣傳西藏落後構成之偏見。

我們理解異鄉，不亦如是乎？閱讀新聞，未抵先判，以為中東必恐襲，印度必強姦，非洲必飢荒，此乃僅以新聞構建世界觀，成刻板印象，忽略世界豐富多彩真貌。若然電影或新聞題材為己所熟悉，即知其偏頗不全。然觀他人故事，但憑寥寥數語，便自以為通曉其中，此為單一敘事之弊。

解救方法，固在勤學廣知，然人生有限，何能博學？單一敘事固有其必要，正因時間與腦力有限，需節省認知能力，處理大量訊息，難免採取捷徑，否則負荷過重。

然尚有一法，即坦承無知。明白每種論述皆為一面之辭，即使當刻無暇分析，亦為未來深度批判作好準備。瞭明此理，則胸襟自寬，對新知抱持開放包容之心，直面當下資訊，不受偏見束縛。面對新鮮氣象，不再大驚小怪。

攝於印度瓦拉納西，恆河旁玩板球，日期 2011 年 12 月 20 日。

表象為外，反昭內心

常有人問我，周遊列國，最愛何處，我總不假思索回答西藏。非謂西藏無瑕完美，然居藏十餘年，見證人間美好，啟發甚深。

在西藏時，間中有旅客分享其對藏地或藏人感受。曾遇一旅客訴苦，稱在八廓街遭「欺詐」。一問之下，原來遊客購買紀念品，攤販要價稍高，客拒議價，遂怒而去，事後指責店家不老實。我問何不講價，遊客以為明碼實價才算公道，餘者皆欺。猶怒未消，續訴當地人難相處，言談間卻反覺其人頗難相處。

間中有人說對西藏失望，問其故，原來以為西藏乃「佛陀什剎」

佛國，望獲啟迪，終無所獲。然若內在缺乏靈修，何能單靠外遊而洗滌心靈？

十九世紀中，法國二人前遊吳哥窟，先是傳教士布意乎（Charles-Emile Bouillevaux），目睹住民朝拜，不識其文化，反視為異端，見雕塑嫌之裸露，違反常倫，滿眼猥瑣。數年後另一法國人穆奧（Henri Mouhot）同是前往吳哥，深為其文明震撼。一地兩觀，感知各異。

嘗聞一故事，出處不詳，然民俗故事大同小異。有印度君王欲試臣民，遣樂觀與悲觀二臣出遊考察。二臣歸來，一人說地荒蕪而民懶散，資源稀缺，猶未開發；另一人則回稟地方潛力無窮，民風熱情，進取樂觀。國王聞言大笑，二臣所至之處，實為一地，分別取決於態度、心情，亦或關乎見識及修養。

非說客觀準則不存，然而旅遊大多觀照所見，表象為外，反昭內心，猶如濾鏡與鏡子。

西藏拉薩布達拉宮的鏡像，筆者照片攝於 2019 年 5 月 24 日。照片被選用作茨仁唯色著作《拉薩烈日下》（二〇四六出版）的封面。

單一視角

曾遊阿富汗，正是九一一慘劇後十二月餘，因局勢敏感，友人聽我前往阿國，或以為冒險魯莽，其實不然。我本無意前赴阿國，偶於巴基斯坦白沙瓦邊城，遇旅客剛從阿國而歸，親述當地民情治安、交通簽證方法，資訊具體而明確。外地人多以為阿富汗全國悉危，問明後方知當年應避免前往南部坎大哈，而喀布爾及巴米揚則安全。

沿路資訊繁多，似有關聯，實則等同道聽塗說。如問邊城人對鄰國之見，以為兩者相近，理應了解，卻不可盡信，蓋因鄰國根本「民至老死不相往來」[1]，對彼岸世界毫無認知。正如有港島人以為元朗

阿富汗首都喀布爾老城區的小孩，攝於 2002 年 11 月 9 日。

人騎牛上學，那伊斯蘭堡人對喀布爾人之看法何能盡信？

有人一聽阿富汗即呼危險，仔細相問，原來誤以為除自家園外天下皆危。安全觀念常帶主觀偏見，或以寥寥新聞定論世界，或以戲劇角色斷語他人，由此簡化，視本來複雜多變宇宙為單一故事，焉能不扭曲全局認知？

旅行之要，正是求聞異聲，觀異事，打破偏執，破除俗見，故事復變多元，不以異見為怪。

1 《老子》八十章言「民至老死不相往來」，謂兩國無爭，無苛政暴斂，人民珍惜生命以不必遷移他鄉，人民生活恬淡，吃食雖粗，反覺甘美，是以民至老死不相往來。在老子的世界，「民至老死不相往來」並非指鄰陸不和，反而是理想國家的模範。

六、成見・偏見・洞見

旅客氣泡

曾到北區某學校談旅遊，那年仍是不論身份皆能到學校或公營電台談論旅遊的年代。席間有同學問，遊藏需幾日，方能充分了解該地。我如實回答：單靠旅遊，難知全貌。

旅客常與當地人認知有別，形成「旅客氣泡」（tourist bubble）。所謂知名勝景，當地人或不感興趣，甚至不屑一顧。曾見有旅遊文章提到餐廳，以「連當地人都不知道」作賣點，多少反映遊客單一視角。

吃喝玩樂，拍照留念，無助了解風土人情。如有旅客樂於反貪部門前拍照，當地人卻只看重廉潔程度；旅客於「永遠盛開紫荊花」留影，香港人更在乎信守承諾之約。

旅客往往懷有既定印象，易陷確認偏誤（confirmation bias）。有人認定香港是「石屎森林」，抵港見滿是高樓後即大嘆不悅，因無郊野風光云云。殊不知香港四成土地均屬郊區，稍看地圖已能發現[1]。

旅客當然沒必要時刻像學者般保有洞察力，吃喝玩樂本是旅遊一端，遊輪假期亦可省心愉快。若每處必須深究，人生何其疲累。享樂絕非問題，問題是有旅客單以數日吃喝玩樂為據，自以為熟知某地，實是不知其不知之謬。不知其無知，猶自以為有知，即所謂「鄧寧-克魯格效應」（Dunning-Kruger Effect，簡稱 DK Effect），無知者高估自己理解能力，把純粹玩樂誤認為洞悉民情。

返回最初一段，同學問我遊藏需幾許日子，方能充分了解西藏？愚以為旅行不過引子，興趣生於遊歷，然欲深知當地，有賴洞察及旅後學習。藏人朋友曾言，剛入藏者常自以為西藏通；來藏一年者始知所知甚少；居逾十年者，覺悟幾近無知。積學越多，越羞於以專家自居。

---

1 資深旅行作家 Rolf Potts 在《Vagabonding》一書這樣形容香港：「……那一週大多時間我都花在香港的混凝土環境中（concrete confines of Hong Kong），（是以澳門）這片公園般的草地太誘人了，不容錯過。」見該書第三部份，〈Don’t Set Limits〉。

西藏拉薩八廓街，照片後方有一餐廳，曾聽遊客說「不到該餐廳等如沒來西藏」，其實大多藏人都沒去過，攝於 2016 年 11 月 20 日。

善旅者皆善隱其光

西藏寺廟罕有明令禁止穿短褲入內，然依當地民風，男女老少信眾朝拜，皆著長褲。短褲是否等同不敬，非我所能判斷，然旅居藏地，明知藏人習俗，亦樂意跟從。跟從不需認同，只是明白風俗如此，自己亦沒強烈原因必須穿著短褲，那就寧願遵從習慣穿長褲入廟，以免留壞印象，此乃基本尊重。

同理，到訪穆斯林國家，不論保守與否，即使在較為世俗化的伊斯蘭國度，偶見女士不蓋頭巾，亦少見男女當街穿短褲行走，伊斯坦堡、安塔利亞等地屬例外。並非說當街穿短褲有問題，然而若對衣裝堅持我行我素，別人雖不阻止，確易招來麻煩。土耳其曾有女士因穿短褲而遭人襲擊，此等攻擊者均為假道德衛士，自以為處於道德高地，實則行為可恥，當受懲處。若以穿衣作為自由表達，其穿衣權利無可爭議，應當尊重，然旅行在外，風險當前，自可衡量利弊得失。

推而論之，緊身穿著以展示身形，固屬個人自由。要如何不被誤解？方法有二，一是期望教化途人，何能不被誤解？方法有二，一是期望教化途人，穿衣展示身形乃人權，期待對方馬上學會尊重他人穿衣權利；二是更為實際方法，乾脆避免張揚，否則應明白風險及可能面對的處境。

每次談及旅行衣著，總易演變成平權之爭。建議旅行者選擇合適衣著，並非不尊重個人穿衣自由，只是因應不同國家、民風、場合而有所適應，不必涉及道德或價值判決，更非性別歧視。有如財不露眼，並非認同賊人可搶劫他人，然而畢竟明白風險所在，因地制宜，免得為行程招來無謂變數。

穿著以平淡為要，別人不注目，方為上策。入鄉隨俗非等同隨波逐流，更非順從，只想保持低調，低調是感受異樣文化必不可缺條件。

善旅者皆善隱其光，適時方顯，因其內歛，是以能進退有度，反能致遠。

攝於西藏薩迦，來自安多的朝聖家庭，攝於 2010 年 10 月 24 日。

外冷內暖，關愛無聲

美國朋友來港觀光，隨我到超市買物，狀甚友好，喜與人攀談，常與職員噓寒問暖。然收銀員即使通曉英語，亦略顯不知所措。朋友以為香港人冷淡，我則不以為然。香港人習慣高效，尤重私密，少與陌生路人招呼閒聊，忽聽款語溫言，反覺唐突。

香港人旅遊在外，每遇文化差異，如被問及收入、租金、學歷、家庭等狀況，總不知如何應對。若然拒答，或顯冷漠，實則注重隱私，少管閒事，保持距離，更顯尊重。

曾遊伊朗，當地款客熱情，誠懇相待，令人感佩，然若欲靜處讀書寫文，常有人來問候，或留合影，難以清靜。為求讀書時光，往往返回旅館，自鎖房內，方能專注。既感激伊朗人厚遇，偶亦求片刻獨處時光。

外人以為香港人冷淡，但我輩熱情用於他處。欲知一地人情，試想大街有老婦跌倒，香港人反應如何？定急赴援手，守護傷患，待救護至，事畢各散。

曾幾何時，自問亦以為香港人冷淡，然數年前風波不斷，危急關頭，總有同道相助，義不容辭。此溫情常見於默默善舉，不張揚，不求報，守望相助，一呼百應。

香港人表冷內暖，關愛無聲，施恩不望報，此乃港人禮數所在。猶微風拂肌膚，快意常在；又如陽光照身影，溫暖猶存。

鄙俗之徒，平日常以四字熟語罵街，今反欲教訓港人禮數，荒謬世事，莫甚於此。

波斯詩人哈菲茲之墓，位於伊朗設拉子，照片攝於 2014 年 3 月 25 日。

願說者說，願書者書

香港人身份認同隨時代轉變，千禧年前曾學初級日語、法語、德語，除了招呼問候，總先學「我是香港人」，後學「我是中國人」，同學唸之不覺唐突。對「中國人」身份認同，從主權移交前的文化延伸象徵，至主權移交後的身份延伸象徵，至 2008 年後達分水嶺。

從小到大，只覺「香港人」屬自己真正的身份認同。曾幾何時，不少外國人對香港的認知，停留於某過氣武打諧星，多番解釋大數港人視之為過街老鼠，人人喊打。亦聽過有人誤把香港當日本首都，啼笑皆非。多年前遊哥本哈根，丹麥人知我來自香港，反應與別不同，說前王妃來自香港，印象頗佳。

近年變化更甚，間中仍遇不知香港為何者，卻也聽到前所未聞的視角。在突尼西亞首都遇上老伯，問我何處而來，答道香港，竟然深深吸一口氣，說從新聞得知香港之事。在尼泊爾遇藏人，問我何地而來，答是香港，他說見到香港人格外親切。有次到巴勒斯坦，遇人問我何方而來，回答香港，他居然問我香港與中國之間關係，是否類似以巴兩地，我說比較複雜，難以三言兩語解釋，卻似反映香港在國際友人眼中的特殊地位。

偶爾還會聽到有人跟我談起香港，說關心當地局勢，一聲問候，甚或一句加油，言簡意深。亦遇外國人說熟識香港情況，因有英、加、澳等地港人，依然堅持說好香港故事。

有人說歷史由權勢者所書寫，如今則不盡然。無人能壟斷歷史書寫權，卻是願說者說，願書者書。若敍其事，必遇知音。正因有人願聽，旅行復添新義。

獅子山頂，攝於 2017 年 2 月 8 日。

七、行旅有書

想起來確實耐人尋味，主權管治各自為政之地，界線反而模糊開放。管治分野最為模糊不清之地，僭越無間，界線反顯壁壘分明。

無懼徒勞

旅行前準備，或看當地風土、景點、旅館、餐廳等，但我更喜歡先習其語言，當作行前熱身。赴伊朗前先學波斯語，到古巴前先學西班牙語，行印尼前學印尼語，還學過越南語等一堆語言。

除卻母語香港話，學過的眾多外語當中，至今算有基本溝通能力者，包括泰國語、日本語、西藏語、華語及英語。

間中有朋友問我，學習多種外語，是為工作？是為謀生？非也。實則只以此為樂，如同遊戲。學習不為功利，惟享其趣，樂於交流。

印尼峇里島，烏布猴子森林(Ubud Monkey Forest)，印度教聖地，攝於 2019 年 1 月 8 日。

人生不少行動，本就無明確意義。諸如上網，諸如爬山，諸如行路，不問其用，僅作消遣。難道凡事只求有所得益，錙銖必較，才願花時間？

又有人問我，學習眾多語言，何以牢記？坦承對部分知識，猶如水過鴨背，連基本一二三也忘卻。然而事隔多年，仍記得曾於異地，以新學語言問路、點餐、講價、交友、嬉笑，活在旅途，說好香港故事，已覺心滿意足。

縱然事後遺忘，如隔世因緣，復有何妨？有如閱讀，難道必須過目不忘，才有看書興致？正因重在過程，過程即目的，是以不問成敗得失，不懼徒勞無功。

學習不以結果為導，不以利益為界，不以成就為旨，唯以過程為樂。此謂開放自由之學習態度，乃真正自主探索之路。

七、行旅有書

學習外語，尋回初學者之心

有年歐遊，火車偶遇巴西作家與美國遊客，言談之際，遊客好奇問作家著作「title」。巴西作家不諳英語，困惑此詞，遊客反覆唸著：「What's the TITLE of your book?」作家仍茫然，遊客語塞，不知從何表達。我不禁插口道：「What's the NAME of your book?」把title 改作 name，巴西文人立時明白。

母語為英者，未必理解「title」及「name」之微細分別，學外語者則能通其易，知如何掌握以淺白用詞，表達相同意思，使對答簡明。

我喜歡於旅行前略學外語，不必正經報讀，聽聲音教學亦足。啟程前一兩週，每日費半小時聽錄音（如 Pimsleur 等），學會極簡對話，不冀流暢溝通，偶以當地語待人，尊重他人而獲他人尊重。

雖曾學過多種語言，今不便逐一列舉，一則不少只識幾語，二則大抵忘記得一乾二淨。或問學而忘之，學有何用？因重視過程，非以結果論得失。

有如食後忘餐，仍能享受用餐之樂，未聞有誰以為食過不忘才算珍惜；識人亦然，或忘人名貌，重逢如新，不代表往昔虛度；讀書亦然，讀後忘記內容，然閱讀過程心滿意足。若以為過目不忘才有讀書意義，大多非好讀書之人。若以為學習外語必字字緊記，估計無習外文經驗。享受當刻已足，且不經意間潛移默化，有如細雨潤物，始終留下痕跡。

仍記得遊印尼十餘日，與船夫能以簡單印尼語於碼頭問路講價；又曾於伊朗清真寺，聽伊瑪目戲答一句波斯語，剛好學過，聽得明白，能與眾同時同步大笑，沒翻譯延時。即使忘卻箇中用詞，體驗卻銘記於心。

學習外語有如尋回初心，所謂「初心」（日語為しょしん，shoshin），即初學者之心。如禪師鈴木俊隆所言，初心本自足，修行之旨也。其質樸無知，空空如也。抱持初心，時刻接受，時刻發問，敞開心扉，不畫地為牢，不囿於習，永遠新手。若僅將「初心」略解初衷，猶執字面而不深究，如童子臨帖，小學雞查字典，失其精髓。

學習外語，以新耳聽世界，如返內在童心。

納木措一餐廳東家之子，名叫 Sonam Paden，攝於其一歲時，眼眸盈以好奇，即為初心。拍攝日期為 2017 年 9 月 29 日。

行者修養，擁抱書寫

幼年時週末無所事事，午間電視無播卡通，惟有賽馬與體育節目，臥視天花旋轉風扇，時光漫長有如定格。那分沉悶和孤獨，乃童年遙遠回憶。有時自問，也許正是對這種寂寞的內化排斥，是以喜好讀書寫字。當初寫作不為分享，僅作日記記事，及至網絡興起，才有機會發佈校園回憶及遊記等文章。

說到旅行者之修養，寫作應是其一。外人以為旅行多彩絢麗，實情常伴隨不安、焦慮與孤單，即使資歷日增，還是無可避免。猶記得於九一一事件翌年到訪阿富汗，起行前問清情況，得知人身安全才出發。然當年配套不多，戰後生活費高昂，旅費有限，雖換來甚深體驗，卻倍感身心消耗。於喀布爾所居旅館簡陋，四壁一窗，晚間電力欠奉，只靠石油氣燈光照明，幸有紙筆相伴，書寫日夜得失，渾然不知時日，宛若「心流」（flow）。入心流者，思如泉湧，寫字速度追趕思緒，有如人筆合一。

為記清晰，須細意觀察，幾近正念（mindfulness）。寫作亦為思辯，釐清觀點，時刻保持開放心境。書寫教人樂觀，偶爾遭逢不順，如遇盜賊報警，亦能趁機記下當刻細節，體會不同警局快慢節奏，在逆境中總能有所得著。

間中讀回昔日遊記，遠事如新，猶讀他人行跡，聆聽往日想法，恍若聽聞三方之言，除能自省，更添同理與包容。以紙筆直面內心世界，應對孤寂，整理混亂思想，在迷亂中尋找意義。

若言旅行是人生，寫作則是對人生的深刻洞見。於筆者而言，長途旅行最重要技能，書寫必然是其中之一。

於阿富汗首都喀布爾居住的旅館，名叫 Zar Negar Hotel，22 號小單間。當年阿富汗電力不穩，晚上經常無電，旅館卻提供石油氣火焰噴燈照明。筆者在此狹小房間寫下不少日記。

講不出的原因

人喜歡問原因，然而講得出的原因，往往非真。「你為甚麼要去某地旅行？」又或是「為甚麼要選擇去旅行？」一句簡短的「為甚麼」，問簡答繁，非一時三刻能給出結果，往往只能敷衍了事。

以前在西藏開咖啡館，旅居拉薩的香港人寥寥，偶爾受香港報章訪問。初受訪時，記者問我何以選擇西藏，既有此一問，當然要儘量回答，想來想去就只是說喜歡其人文、氣候、歷史、宗教、文化等。

不單記者，客人亦如是，日復一日，問答有如流水帳，一天回應好幾次。試過誇張到剛問完的客人還未走，第二輪客人進店提相同問題，然後首次兩輪客人仍在店中，第三輪客人進來再問，前面客人忍不住笑。我的答案如出一轍，依然是人文天氣之類，問者收貨，我也更真誠地相信自己所答。後來細想，所謂前因，實為後果。當初決定旅居西藏，根本從未考慮過此等因素，純粹憑直覺下決定。

想起在 20 世紀 60 年代，哥倫比亞大學的經濟學家（後獲諾貝爾經濟學獎）加里・貝克爾（Gary Becker）認為凡選擇均為理性，如選學科、求工作、結婚或離婚，總是深思熟慮的結果。貝克爾把所謂的「理性選擇」推到近乎滑稽的極點，甚至認為犯罪也是三思後行的計算，他推論賊人打劫阿婆，是因其理性層面認為打劫更符成本效益云云[1]。

然而人類行為，果真皆由理性主導？

我們總期待他人對其行為給出理性解釋，然而到自己面對抉擇，如移民定居哪城，選取終身伴侶，往往還是先行後慮，行動先至理智，猶如心理反射。在理想的世界，或許應於決策前先做精密計算，細衡利弊，預知結果，免走迂迴。然實行之時，還是直覺先行。

不過，直覺雖使人盲目，有時卻也能像水晶球一樣，提前告訴真相，揭開底牌。多少次終於放開或放棄，如釋重負，不禁嘆喟：「我其實老早就知道！」心裡早有答案，直覺早已透露事實，只是人總有強烈願望，欲堅持已失的事業，維繫不該維繫的關係，持有不該持有的股票，明知死路一條，卻不願承認。

直覺有時帶你走上錯路，卻也是引領你重回正軌的明燈。前途難卜，間中懷疑人生乃屬常事。然而若疑慮過深，終日糾結，也許是時候聽聽自己的直覺。

說起來西藏朋友從不問我到拉薩的原因，只認為是前世與西藏結

拉薩吉曲河放風箏的季節，攝於 2011 年 9 月 16 日，該河段已被填平。

緣，我也樂此不疲。回想在西藏那十二年（2007 年年底至 2019 年）的經歷，多年後回首，視之為人生難得的階段，沒有那段經歷，也沒有今天的我，終生無悔。

1 有關貝克爾的論述，可參看布侃南（Mark Buchanan）的《隱藏的邏輯：掌握群眾行為的不敗公式》（The Social Atom: Why the Rich Get Richer, Cheaters Get Caught, and Your Neighbor Usually Looks Like You），台北市：天下遠見，2007，第三章，〈我們是摩登原始人〉（Our Thinking Instincts）。

七、行旅有書

事物趨善本質

初試背包獨遊，先到法國，經漢城（首爾）轉機，韓航安排中轉酒店，一宿後前赴巴黎。說來不怕見笑，當年手執《孤獨星球》，抵達法國機場連交通亦不清楚，旅館未訂，行事狼狽甩轆，但邊走邊問，路在嘴邊，尚算順利。即使多年以後，行程往往隨機而行，今日不知明天事。

外遊其一益處，能迫離開舒適區，體驗應變。居家習以為常，常有錯覺，以為只在熟悉之地，方能活得自在，對未知心存恐懼。然而旅行在外，尤其獨遊，最能感受應變之樂，隨心所欲，即使稍有不順，仍信車到山前必有路。

早年以此方式實驗旅行，亦影響後來處世態度。以前在西藏工作，業務漸上軌道，本來無憂，後來環境變遷，決定回港。身邊親友得知，皆表可惜。然我心坦然，悠遊自得，或是受旅途體會啟發，堅信船到橋頭自然直。

並非說每事必有趨善本質，深明世途險惡，惡人惡政固屬無藥可救，然所謂善惡好壞，非單從物表所見，更屬個人感知，即能自主自控。此樂觀亦非阿Q精神，而是深信能於一切經歷當中覓得意義，是以致善。我尤其喜愛斯多葛學派說法，amor fati（愛命運）。愛命運不是盲從天命，乃理性接受現實，猶信其本質求生利眾。擁抱命運，看通互助進化之本質[1]，視人生每階為成長之梯。

當年離藏回港，雖念西藏，卻從不懊悔，反而堅持寫作，開拓新領域，舉行講座推廣知識理念，與本土互動交流。世事因緣和合而成，倘無當初決定，或許走漏以後行程，錯過今日摯友。眾人以為我只是編排行程，實則塑造自我，創造人生。

1 互助進化概念，倡議者為俄國生物學家、理學家、經濟學家、無政府主義者彼得・克魯泡特金（Peter Kropotkin）（1842 - 1921），詳見其著作《互助論》（Mutual Aid）。達爾文強調競爭，克魯泡特金則強調合作。此一協力不必懷有主觀道德意願，克魯泡特金視之為自然選擇適者生存之必然結果，屬萬物本質。

突尼西亞的 Bulla Regia 遺址，攝於 2023 年 12 月 26 日。

「讀萬卷書」與「行萬里路」

有人問我到訪某國多少日子才能知悉通達該地，我認為天數非至關緊要，全視乎旅行方式，以及理解之道。旅行雖好，卻未必能破除執見。曾經旅居泰國，香港朋友來訪，帶我遊當地必遊之地，食必食之吃等，泰國朋友卻聞所未聞；到西藏的遊客欲訪「倉央嘉措會情人」之餐廳，史實莫考，西藏朋友大多嗤之以鼻。

旅遊可以純粹吃喝玩樂，非謂真知。而居一地不問時長，若無自學能力，對理解異地風俗，亦是徒勞。以前長居西藏時，就見過有人留藏逾十年，藏語半句不通，還誤信藏人一生僅沖三次涼等荒謬謠言，更企圖以宗教解讀，猶如看圖作文般杜撰。又遇過居於新疆的漢人堅信穆斯林奉豬為神，我糾正其謬誤，對方竟辯稱各派見解不同云云，直至我尋得穆斯林教士撰文，指此等言論傳播者皆屬無知文盲，奸妄小人，對方才啞口無言。

如想深刻了解地方政治、文化、歷史等，應有何途？唯靠讀書。旅行結合讀書，方成多維體驗。旅行將抽象異地概念，化作細微人情，可感受碰觸，不再水遠山遙。「讀萬卷書」及「行萬里路」二者宜相輔相成，但若論深知一地，讀書尤為重要。讀書方能洞悉文化底蘊、歷史脈胳、哲人思維。僅憑身處當地表層體驗，難免受制於時間、肉體及認知局限。

香港傳媒人區家麟曾寫過：「……行完萬里路，讀書更重要，因為旅行只能帶你闖蕩當下的時空，讀書才能引領你走進其他時空的橫切面、不為人知的人心與異事。」對此深有同感，即使我曾旅居西藏多年，若非讀茨仁唯色所著《殺劫》，怎能明白文革對西藏造成何種浩劫？

說起茨仁唯色，她既是詩人、作家，亦是我好友。她一直嚮往自由，卻從未成功申請護照。肉身未踏境外，精神卻熟知東西歐文學。我對不少歐洲文學家的認知，皆由她領航介紹，亦師亦友。如羅馬尼亞作家諾曼・馬內阿及其筆下的《論小丑》，以及波蘭詩人米沃什及其詩集。正因文字，才明白當時局勢，一代人的心理應對。若不讀書，何能跨越時空地域理解外部世界？

記得有年去法國旅行，茨仁唯色說起普魯斯特《追憶逝水年華》，提到初讀小說，一直想品嚐瑪德蓮蛋糕。正好在巴黎無事，故尋蛋糕店，邊食瑪德蓮，邊讀小說章節。普魯斯特寫：「我呆呆地舀起一匙

法國巴黎某間評分頗高的瑪德蓮蛋糕店，名叫Blé Sucré，攝於 2015 年 4 月 17 日。

剛才浸過瑪德蓮的熱茶到唇邊，溫熱且摻著蛋糕碎屑的茶水一沾染我的上顎，我不禁渾身一顫，停下動作，專心一意感受那一刻在我體內發生的絕妙變化。」因為文字，感觀糾纏思維，從瑪德蓮蛋糕的味覺，勾起意識追想，即謂「普魯斯特記憶」。

因為有文字相伴，蛋糕之行記憶猶新。每次看到瑪德蓮，總會想起普魯斯特，以及嘴饞的茨仁唯色。

七、行旅有書

談攝影

有相識一名，經常評論他人攝影，每看照片，不談其事，不問出處，只問參數，天下莫大於此：光圈大小，鏡頭為何、快門幾許，ISO 若干，滿腹經綸，言辭看似專業，然聽久則膩，問多則煩，有次敷衍說個違反常識的參數，對方居然不疑，頷首稱是。

有人從不欣賞照片，只著重技術參數細節，有人則只留意工具，看著美照時總會說：「相機真好，鏡頭真靚！」言下之意似乎以為工具齊足，美照自來，忽略攝影內涵、技術本質。

某年大坑舞火龍，圍觀群眾二人，一人攜摺梯高處取景，自誇鏡頭相機皆上等，夜景捕捉一流，邊看火龍邊炫其裝備，如數家珍。及後每拍一照，即自讚其佳，且展示於梯下友人。我無心窺視，然我站梯旁，不得不看，實在不懂其趣。

工欲善其事，必先利其器，器材固然重要，如新款手機才能拍出安納布爾納星空，長距鏡才易捕捉米埔雀鳥神態，單反或無反相機觀景器取景各異。然而過度著重器具，忽略構圖、故事、溝通，實本末倒置。

風光攝影鼻祖，安塞爾・亞當斯（Ansel Adams），憑其對光線景深理解，加上深刻觀察力及嶄新視角，借著哈蘇相機，捕捉優勝美地，成就不朽經典。在伊朗遇以攝影為生的法國人，日常工作帶備重量級裝備，旅行則只攜一枚定焦鏡，他說僅此一鏡，迫其以有限視角思考，時有意外驚喜，不在乎錯過何事，只專注於所得。

多年前在西藏遇一旅客家庭，父親更換相機，送兒子舊機。小孩未滿十歲，身高一米多，自下而上拍攝視角奇趣，途人見孩童手執相機亦友善通融，擺出搞笑姿勢；器材雖舊，照片簡單，卻引起共鳴，看得開懷。旅途佳影，器用其次，技術與觸覺搭夠，物資與輸出成效，從來不是正比。

談及資源與輸出之間的巨大落差，想起有媒體坐擁龐大資源，於專業錄音室炮製節目，輸出內容猶如糟粕；反觀於新興媒體，資源匱乏，惟以千多元的錄音咪，於窄小合租辦公室勉強錄製 podcast 節目，我卻節節皆聽，無非因其集集精彩，內容為王。

攝影非千篇一律，各異其趣。然攝影精要之處，乃在細察塵世，捕捉生活情感瞬間，需攝影者深觀與思考。器材非無益，但若僅以利器為雞精，以為單靠物質即能自動提升，卻不重過程，猶如以為家中

在 2023 年 12 月 25 日，於突尼西亞 Sidi Bou Said 遇數名學生，她們主動打招呼，我見光影人皆美，問可否拍照，她們欣然說好。學生看照後驚呼一聲，大概因日落光線迷人，連說要交換 Instagram 以取得照片作留念。拍攝時只用 iPhone 15 Pro，其有自動光線修正，使前景不致背光，此乃工具之效。然少女笑容神態自然，還是在於拍攝時之互動與溝通。

只要有泳池即能成奧運泳賽獎牌得主，或購昂貴戶外裝備即自謂登山達人，或購史坦威即自成鋼琴大家，或購高階電腦即自謂剪片大師，皆虛有其表，損材失力，徒勞無益。

七、行旅有書

埋沒草石間，雷帕特家族徽章

我最愛的動畫乃宮崎駿《天空之城》，百看不厭，邊看邊跟著念對白。猶記兒時次初看此片，感其間天地人皆美，然每念及皆為虛構景像，猶然若失。

多年後初訪日本，未有計劃參觀宮崎駿吉卜力美術館，聞其門票難求，懶得預約。及至東京，昔日於印度日本寺的室友智春聞此，熱心建議於 Family Mart 便利店電腦購票，介面全為日語，他操作純粹，不消幾分鐘便成功訂票。

參觀美術館當天，無其他行程，我自上野騎車至三鷹，行廿餘公里，路通人和，賞心樂事。美術館兩層，展品不多，曾聽有人略覺失望。一小時足以速覽，我卻駐足六小時，細看每件展品，自得其樂。翻閱場刊，忽見館內有雷帕特家族徽章，驚訝參觀半日居然未覺。

急問職員徽章所在，低聲相告，謝過後遂返回戶外草坪，撥開草叢，先見地面有機械人金屬碎片，不遠處果見徽章寶石隱於林間。徽章大如手掌，旁有雜草，難以發現。徽章屬中世紀騎士風格，狀似盾牌，金屬邊框，鉚釘環繞，琺瑯藍底，中央金色浮雕，刻有雷帕特家族圖騰，有說標誌機器守護者，或代表接通天與地。

最為難得，乃吉卜力美術館設計師用心良苦，耗費匠心，巧製此一展品，卻任其隱蔽於草石間，日曬雨淋，不以訪客難覓為憂，只待知音發掘。

遊歷之趣，分宏觀與微觀，我尤好細微觀察，不爭得失，未知所失，故不以所失為憂。反重視所見所得，從細節可見宇宙，方能尋得心中之飛行石。

至於雷帕特家族徽章飛行石所在位置，若於文章鉅細披露，則損讀者尋幽探秘雅興，故點到即止。

埋沒於草石間，《天空之城》雷帕特家族徽章，攝於日本三鷹之森吉卜力美術館，日期為2011 年 2 月 23 日。

壁壘分明

首次遊歐，正值歐元初行之際，當年歐元已見於公文，而民間仍用各國舊幣。我買得歐洲火車證，從法國沙木尼乘車至意大利五漁村，車站職員以電腦搭配最佳路線。

中轉停站馬蒂尼一小時，未有手機查閱資料，隨意走到站旁商店，忽覺異常。法國一包朱古力約五法郎，此地油站僅需一法郎，價錢相差五倍。不禁問油站職員身處何國，回答瑞士，方知已離法國國境，不禁驚呼一聲，引得油站內眾人哈哈大笑。法國雖與意大利接壤，但乘火車較快路徑，先經瑞士轉車，由法國法郎變成瑞士法郎，價值相差五倍。

童年時未曾出國，常以為國境界線分明，猶如從陰雨突然跳至天晴。後來才知邊界定義不同，有些閉門自守，有些出入自由，諸如歐洲的神根公約（台譯：申根公約）國。有次朋友開車由比利時至荷蘭，兩地主權分明，但國界幾乎錯過，在高速公路要全神貫注才能拍得界線路牌。

此等假想界線看似虛無，但兩地政策各異，相互尊重主權。譬如2017年，加泰羅尼亞獨立公投領袖普吉德蒙（Carles Puigdemont）被西班牙政府迫，遂開車兩小時逃至法國邊界，西班牙政府無可奈何。其後普吉德蒙遷至比利時，西國下達歐盟逮捕令，雖然各成員國之間有引渡機制，但比國法院卻准其保釋。國界限制西班牙政治及執法權力，直至近日西國國會通過特赦。

我總覺《神根公約》設計，保有原來國界，但又取消協定國之間邊境管制，是人類文明一大突破。人民貨物資金自由越界流動，創造共同空間，開放得來主權及邊界卻又涇渭分明，互不侵犯。

一條界線，對異見者猶如人身保護；一條界線，令執政者不能為所欲為。界線分隔飲食、傳統、風俗、歷史、語言、神話，甚至性格，構建國族意識，身份認同。

想起來確實耐人尋味，主權管治各自為政之地，界線反而模糊開放。管治分野最為模糊不清之地，僭越無間，界線反顯壁壘分明。

從比利時坐車至荷蘭，在 N123 高速公路上，看準地圖標記，才拍得荷蘭國界牌，差點錯過，攝於 2024 年 5 月 1 日，當天是比利時勞動節假期，但荷蘭是工作日。也許因為荷蘭僱員福利太好，勞動節不必放假？

逍遙行稿——逆風翱翔

作　　者｜Pazu 薯伯伯
照片攝影｜Pazu 薯伯伯
責任編輯｜鄧小樺
執行編輯｜余旼憙
文字校對｜周靜怡
封面題字｜潘源良
封面設計及內文排版｜王舒玗

出　　版｜二〇四六出版／一八四一出版有限公司
發　　行｜遠足文化事業股份有限公司（讀書共和國出版集團）
社　　長｜沈旭暉
總 編 輯｜鄧小樺
地　　址｜105 台北市大同區民生西路 404 號 3 樓
郵撥帳號｜19504465 遠足文化事業股份有限公司
電子信箱｜enquiry@the2046.com
Facebook｜2046 出版社
Instagram｜@2046.press
信　　箱｜enquiry@the2046.com

法律顧問｜華洋法律事務所 蘇文生律師
印　　製｜博客斯彩藝有限公司
出版日期｜2024 年 10 月初版一刷
定　　價｜450 元
I S B N｜978-626-98123-7-0

國家圖書館出版品預行編目

逍遙行稿：逆風翱翔 /Pazu 薯伯伯作 . -- 初版 . -- 臺北市：二0四六出版，
一八四一出版有限公司出版：遠足文化事業股份有限公司發行，2024.10
　面；　公分
ISBN 978-626-98123-7-0(平裝)
1.CST: 旅遊文學 2.CST: 世界地理

719　　113014599